Cómo Ser un Ninja Social

Supera el Miedo a Hablar con Desconocidos, Crea Conexiones con Cualquiera y se la Persona Más Interesante del Lugar

SHAUN AGUILAR

CÓMO SER UN NINJA SOCIAL

La presentación de la información se realiza sin contrato y sin ningún tipo de garantía endosada.

El uso de marcas comerciales en este documento carece de consentimiento, y la publicación de la marca comercial no tiene ni el permiso ni el respaldo del propietario de la misma.

Todas las marcas comerciales dentro de este libro se usan solo para fines de aclaración y pertenecen a sus propietarios, quienes no están relacionados con este documento.

TABLA DE CONTENIDO

Introducción

Si bien es cierto que el buen trabajo, disciplina y habilidad académica aumentan nuestras posibilidades de tener éxito en ciertas áreas, hoy en día se pone énfasis en otras habilidades de las cuales depende, incluso más, qué tanto crezcamos y nos desarrollemos en nuestra vida. Parece mentira, pero hoy se valora mucho más la asertividad, el buen lenguaje corporal y la capacidad de resolución de conflictos antes que muchos años de experiencia y conocimientos sobre una materia específica. ¿Qué tienen en común estas cualidades o capacidades? Todas ellas pertenecen al rubro de las habilidades sociales.

¿Qué son las habilidades sociales? Esa pregunta la responderemos a profundidad en el primer capítulo de este libro.

Por lo pronto, empecemos esta reflexión con un ejercicio. Pintemos un escenario. Hay dos personas. La primera de ellas es muy platicadora, tiene un lenguaje corporal que invita a la conversación y es muy respetuosa en sus expresiones. La otra, sin embargo, no tiene tanta facilidad para hablar con otras personas y su lenguaje corporal refleja esa dificultad. ¿Qué es lo que las diferencia? La primera tiene buenas habilidades sociales; la segunda, no tanto.

Este ejercicio no se trata de decir que una persona tiene el éxito asegurado en la vida y la otra no; no queremos decir que hay una fórmula única para conseguir lo que queremos. Lo que esta breve reflexión buscaba era que notáramos superficialmente cuáles son los rasgos que hay que tener en cuenta cuando hablamos de habilidades sociales. Algunos aspectos a notar, son: el lenguaje corporal, la aptitud para conversar, la soltura que se tiene para entablar relaciones con otras personas, entre otros. Pues bien, lo que este libro busca es que conozcas cuáles son todos los diferentes componentes de las habilidades sociales y que te vuelvas un experto en ellos, un *ninja social*.

¿Por qué, entonces, enfatizar la importancia de las habilidades sociales? ¿Qué es lo que ellas tienen que la habilidad académica (o de cualquier otro tipo) no tiene?

La respuesta es sencilla: los seres humanos somos seres sociales. Hemos llegado hasta donde estamos hoy debido a que nos hemos juntado en manadas, grupos, equipos. Agruparnos unos con otros nos ha permitido crecer y prosperar como especie en comparación con el resto de los seres vivos que ocupan el planeta.

Organizarnos con otras personas nos permite repartir el trabajo físico, especializar los trabajos y actividades y, en general, aumentar nuestras posibilidades de supervivencia. Pero no es este aspecto el que nos hace prosperar, pues cualquier ser vivo lo hace. Es nuestra capacidad para entablar relaciones afectivas y colaborativas significativas lo que nos ha hecho superar a todas las demás especies de seres vivos.

Compartimos nuestras emociones, nuestros sentimientos; entablamos relaciones empáticas y generamos ídolos o ideas en las cuales creer.

Todo esto aumenta la cohesión grupal, y esta prosperidad se refleja individualmente en cada persona.

Pues bien, las habilidades sociales, como vemos, tienen un trasfondo más profundo que el simplemente saber conversar con extraños. Pero aterrizando más el tema de este libro, consideremos cómo se manifiesta en el día a día esta necesidad natural humana. Las habilidades sociales no sólo sirven para saber hablar en público, pedir la hora en la calle o conversar con extraños en una fiesta.

Su área de acción es mucho más amplia de lo que normalmente se cree. La aptitud social involucra compartir mensajes, liderar grupos, comunicar pensamientos y emociones, generar relaciones íntimas, resolver conflictos, negociar o pedir ayuda. En general, podremos observar que las habilidades sociales serán todo aquello que involucre el contacto entre dos o más personas.

¿Cualquiera puede desarrollar habilidades sociales? Sí, cualquiera puede.

A veces pensamos que se nace sabiendo hablar con otras personas o teniendo facilidad para hablar en público, pero eso es lejano de la realidad. Como la aptitud social es natural al ser humano, eso significa que cualquier persona puede relacionarse con otra. Aunque, por supuesto, no todas las interacciones son igual de fáciles para todas las personas.

Hay gente que no le cuesta para nada hablar con extraños, pero no sabe cómo ser asertiva; hay otras personas que son excelentes lectoras del lenguaje no verbal, pero no tienen idea de cómo manejar una negociación o liderar un grupo. Entonces, ¿cómo es que cualquiera puede desarrollar sus habilidades sociales? A base de aprendizaje y práctica, esto se puede lograr. Lo único que necesitas es estar consciente de que quieres aprender mejores aptitudes sociales. Si estás leyendo este libro, probablemente es porque ya sabes lo que quieres.

¿Cuáles son los efectos de no tener buenas habilidades sociales? Hoy sabemos que sí existe una relación entre algunos trastornos como la ansiedad y la depresión y la habilidad social.

Y no sólo con trastornos mentales, sino también físicos. Es decir, no desarrollar aptitudes sociales que nos permitan conectar con otros seres humanos puede llegar a afectar nuestra salud emocional y salud física. Cuando logramos una comunión humana nos sentimos mejor: compartimos nuestras experiencias, trabajamos en conjunto para lograr un objetivo, encontramos apoyo emocional o exploramos y descubrimos rasgos nuestros que antes no sabíamos que nos faltaban.

El objetivo de este libro es mejorar esa comunión humana. En las siguientes páginas encontrarás un texto que te presente de manera clara y sencilla los principales aspectos de las habilidades sociales. Descubrirás con mayor detalle qué son las habilidades sociales, cuáles son sus principales obstáculos y una exposición de cuáles son los componentes que mejoran toda interacción humana. Si hasta ahora te has sentido interesado o identificado con lo que hasta ahora se ha dicho, entonces este libro es para ti. Ya sea que quieras mejorar todas las capas de tu aptitud social o simplemente aprender a conversar con más apertura, este libro te ayudará a conocerte a ti mismo y a conocer tus habilidades.

De cualquier forma, nunca está de más aprender algo nuevo. Espero todo lo que aquí leas sea para tu mejor provecho.

¡Mucha suerte!

CAPÍTULO 1: LAS HABILIDADES SOCIALES: PRINCIPALES ELEMENTOS PARA CONVERTIRSE EN UN NINJA SOCIAL

Como mencionamos en la introducción, en este capítulo veremos a fondo y a detalle qué son las habilidades sociales. Lo primero que hay que decir de las habilidades sociales es que son todas aquellas acciones, actitudes y comportamientos que implican una interacción entre dos o más personas. Es decir, todas las habilidades que usamos para entrar en contacto con otras personas son las habilidades sociales. Por ejemplo, el lenguaje hablado y no hablado, el manejo de nuestro cuerpo, los temas de conversación, la asertividad. Todas estos comportamientos y actitudes se usan para entablar relaciones con otros.

Para empezar a mejorar en estas habilidades sociales, primero es importante que nos preguntemos en dónde estamos parados. En otras palabras, hay que identificar cuáles son nuestras áreas de oportunidad para trabajar. Si tú no sabes con seguridad en qué puedes mejorar, no te preocupes; seguro a lo largo de este libro te llevarás un par de sorpresas. La idea es que seamos conscientes de las habilidades en las que somos buenos y en las que podemos mejorar, todo ello apuntando a hacer más eficiente nuestra convivencia social. Una vez que seamos conscientes, podremos empezar a trabajar en nuestros mensajes a comunicar, nuestras relaciones a generar y nuestras características internas.

Las habilidades sociales no son innatas. Como habilidades, son actividades que tienen que ser aprendidas y practicadas. Todos tenemos las herramientas para aprenderlas, aunque no estemos al tanto de ello.

A continuación, enumeraré cuatro ventajas importantes que brinda que tener buenas habilidades sociales:

- **Número uno: mejores relaciones personales**. En general, con relaciones personales me refiero a todas aquellas que entablas en tu día a día. Puede ser con tu familia o amigos y amigas, por ejemplo.

Tener buenas habilidades sociales te permitirá que estas relaciones puedan mejorar, si es que antes no eran tan buenas. Proyectar carisma, tener y demostrar empatía, saber cómo hablar con respeto y considerar a los demás son algunas habilidades que te permitirán mejorar tus interacciones diarias.

Sin embargo, las relaciones personales no se cierran a aquellas que tenemos en un nivel más íntimo y privado. Las relaciones personales son relaciones que hacemos con todo tipo de personas; en otras palabras, son relaciones interpersonales, relaciones con el mundo exterior. Puede parecer que no, pero tener este tipo de interacciones puede ser muy difícil para algunas personas. Si no se tiene buenas habilidades sociales, puede ser muy difícil para alguien acercarse con los demás. En cambio, tener una facilidad para interactuar con la gente podría verse reflejado positivamente en nuestra vida.

A lo mejor podría ser más fácil para ti conseguir un puesto de trabajo, un aumento o conocer nuevas e interesantes personas.

- **Número dos: mejores relaciones laborales.** En nuestra vida profesional seguramente nos encontraremos con personas que valoren mucho nuestra habilidad para relacionarnos con los demás. ¿Por qué? Mucho de lo que pasa en el mundo laboral depende de cómo te percibe la gente. Además, tienes que saber trabajar en equipo, ser asertivo y comunicar tus ideas. Sin buenas habilidades sociales, probablemente esto no sería posible.

Una ventaja que te brindarán las habilidades sociales para tus relaciones laborales es que aumentarán tus probabilidades de crecer y desarrollarte en tu vida profesional. Pensemos en un ejemplo. Digamos que tienes un jefe y él es gerente de una tienda de comida rápida. Ahora piensa que todo el tiempo está en su oficina porque le da pena salir a hablar con sus empleados y con la gente. Cuando sale, tiene una actitud negativa y no sabe cómo hablar en público.

Es rara esta imagen, ¿no? Eso es porque nadie contrataría de gerente a una persona con dichas actitudes.

Ya sea que tengas una entrevista de trabajo o quieras pedir un puesto mejor al que tienes actualmente, las habilidades sociales te facilitarán mucho este proceso.

Los empleadores suelen buscar personas que tengan una fuerte presencia, que sepan comunicar sus ideas o tomar una crítica, que puedan trabajar en equipo y que tengan respeto por los demás. Si logras conectar con las personas en el mundo laboral, seguramente será más fácil para ti conseguir mayores y mejores oportunidades profesionales.

- **Número tres: buen ánimo y felicidad en general.** Digamos que tienes una idea muy buena que quieres comunicar al mundo, pero no puedes hacerlo. Esto te hace sentir inseguro y que no eres suficientemente bueno o valioso. Tu ánimo se ve afectado.

Tener buenas habilidades sociales te permitirá mejorar tu capacidad de comunicar y conectar con los demás.

¿De qué sirve o a quién beneficia que quieras decir algo, pero no puedas? Por algo el lenguaje y las lenguas son un fenómeno social, porque se llevan a cabo en grupo. Si tú tuvieras tu propia lengua privada, no podrías hablar con nadie. Lo mismo sucede con las habilidades sociales. Si no puedes comunicarte o relacionarte, la imagen que tienes de ti podría verse afectada. Saber interactuar con los demás podrá impactar tu ánimo positivamente porque podrás encontrar con quien estar.

- **Número cuatro: inteligencia para escoger tus relaciones**. Entablar y mantener relaciones interpersonales de cualquier tipo no significa que debamos estar de amigos o amigas con todas las personas que se crucen en nuestro camino. Una ventaja muy buena que te brindan las habilidades sociales es la inteligencia social. ¿Qué es eso? Es saber decir cuándo sí, cuándo no y con quién. No siempre queremos asistir a una reunión, estar en una conversación o hablar con ciertas personas, pero es difícil zafarse de esa situación de una manera cordial. Por ello, las habilidades sociales te permitirán desarrollar la capacidad de poder decir que sí o que no cuando sientas que lo necesites.

¿Cuáles son las principales habilidades sociales?

Hay muchos componentes y elementos que califican como habilidades sociales. Sin embargo, hay tres principales que son las más importantes y notorias: **asertividad, lenguaje no verbal** y **habilidades de conversación**. A continuación, las revisaremos someramente, porque entraremos en más detalle sobre ellas en otros capítulos del libro.

Asertividad

Para algunas es muy complicado comunicar lo que piensan o sienten. Y, en general, es a veces, incluso, mal visto. Piensa, por ejemplo, cuando alguien responde que no a alguna invitación o cuando se niega a compartir de su comida. Nosotros esperamos a que las personas nos digan que sí, pero hay que tener en mente que no siempre va a ser así. Imagina que te invitan a una fiesta y tú no quieres ir. ¿Cómo puedes decir que no sin ser grosero o faltar el respeto a quien te haya invitado? Esa habilidad de decir las cosas con honestidad y respeto, se llama asertividad.

La asertividad es una muy buena habilidad para tener bajo la manga. Gracias a ella, podemos tener una comunicación efectiva y sin problemas. ¿Y por qué es tan difícil ser asertivo o asertiva? Piensa en esto. Digamos que todos los días acostumbras a tomar un café con tu mejor amiga, pero un día te da flojera y quieres cancelarle. ¿Qué puedes hacer y por qué te da tantos nervios hacerlo? Cuando rompemos nuestras rutinas o fallamos en cumplir las expectativas de los demás, tememos el conflicto. Por eso, solemos decir que sí ante esas situaciones potencialmente riesgosas para nuestro bienestar o amistades. Sin embargo, evitar un conflicto por miedo no es la mejor de las decisiones, pues solamente estás aplazando lo inevitable. Además, no estás siendo sincero contigo ni con las personas con las que contrajiste el compromiso. Imagínate qué diferente serías tú y tu vida si pudieras expresar lo que sientes sin miedos ni tapujos. La asertividad te ayudará a comunicarte mejor con los demás, así como también te ayudará a ser más considerado y respetuoso frente a las opiniones de otras personas.

Esta habilidad, además, te hará destacar. No todas las personas tienen la habilidad de expresar sus deseos, sentimientos, dudas o miedos. Cuando te comuniques con asertividad podrás entablar mejores y más honestas relaciones interpersonales.

Lenguaje no verbal

Dedicaremos un capítulo completo a esto. Por lo pronto, hay que saber que el lenguaje no verbal es todo aquello que no se dice, pero sí se hace. La posición del cuerpo, de las manos, la dirección de los pies, la tensión que reflejamos en el rostro o el tono de nuestra voz: todo esto es el lenguaje no verbal o lenguaje corporal. Este tipo de lenguaje es muy poderoso porque es inconsciente la mayoría del tiempo, lo que significa que envía mensajes sin que nosotros nos demos cuenta. Esta inconsciencia puede volverse consciente, lo que nos permitiría utilizar el potencial comunicativo de nuestro cuerpo a nuestro favor.

Por ejemplo, quizá te sientes muy nervioso y tu cuerpo lo refleja.

Estás cabizbajo, tienes los hombros hacia abajo, el ceño fruncido y los brazos cruzados. O, caso contrario, te sientes muy feliz. Tu postura es recta e imponente, tu andar es ligero y seguro, tu sonrisa es sincera y tus brazos parecen estar abiertos a todo el mundo. En ambos casos, el cuerpo podría dar información de cómo te sientes en determinada situación sin que tú tengas que decirlo expresamente.

No solamente el lenguaje corporal sirve para reflejar tus sentimientos, sino también tu actitud hacia el resto del mundo. Tanto como qué tanto te agrada alguien, si te sientes cómodo en cierto espacio, si estás de acuerdo o no con una idea, o si quieres hablar con alguien o rechazar una conversación: todo eso lo dice nuestro cuerpo sin que nuestros labios tengan que moverse. Por eso el lenguaje corporal es tan importante. Para tener buenas habilidades sociales, hay que ser conscientes de nuestro cuerpo y de todo lo que puede hacer por nuestras interacciones sociales.

Habilidades de conversación

Con éstas me refiero no sólo a iniciar una conversación, sino también a mantenerla. Para las personas con habilidades sociales poco desarrolladas estas dos últimas acciones pueden llegar a ser difíciles. Es normal no "saber" hablar, pero poco a poco se puede aprender.

Unas palabras finales

Estas son sólo algunas de las habilidades sociales que revisaremos a lo largo del libro. Recuerda que tener habilidad social no sólo significa tener la aptitud de tener muchos amigos, hablar con extraños, ser el alma de la fiesta o pedir la hora en la calle. Esta habilidad es humana, es compartida por todos los miembros de nuestra especie. Significa actitudes mucho más profundas y biológicamente determinantes. Sin embargo, en este libro nos enfocaremos únicamente en las habilidades que actúan directamente sobre las relaciones interpersonales. El objetivo es que lo que esté en estas páginas te sirva para conocer un poco mejor tu situación y en dónde estás parado.

Queremos que aprendas uno que otro truco que puedas aplicar en tu vida diaria, y queremos que empieces a notar cambios en tu manera de ser y expresarte en el mundo.

CAPÍTULO 2: LOS PRIMEROS PASOS: TOMA ESTO EN CUENTA ANTES DE EMBARCARTE EN ESTE CAMINO

Antes de empezar a trabajar en el proceso de aprender o mejorar nuestras habilidades sociales, es importante considerar un asunto antes. He conocido a muchas personas a lo largo de mi vida que son excelentes conversadoras y, en general, tienen muy buenas habilidades sociales. Sin embargo, la mayoría de ellas tienen en común que no eran así en un principio. Sí, hay personas que naturalmente se mueven por el mundo con ninguna dificultad social, pero hay otras a las cuales nos cuesta un poco más de esfuerzo y trabajo. Esto sucede por lo que ya hemos dicho en apartados anteriores: la habilidad social no es innata. Estos conocidos que tengo son personas que se han dedicado conscientemente a mejorar sus habilidades sociales.

Todas las personas pasamos por muchos cambios en nuestras vidas, pero cómo cambiemos depende de nosotros y nuestras acciones. Para empezar a aprender una habilidad, primero es importante saber que no la tenemos, ¿cierto? Si no sabemos eso, no nos dispondríamos a aprenderla. Pues bien, es lo mismo con las habilidades sociales. Imagina este trayecto como un mapa en el cual la equis roja es nuestra meta personal de aptitudes sociales. Si no sabemos en qué parte del mapa estamos, no sabremos qué camino seguir ni cómo llegar a nuestro tesoro final. El camino está lleno de obstáculos, retrasos y dificultades generales, pero por eso es que es una búsqueda.

Así que, antes de empezar, pensemos en qué nivel estas en tus habilidades sociales. En otras palabras, ¿qué habilidades tienes y cuáles no? Empieza a considerar cuáles son tus fortalezas, cuáles son tus habilidades y cómo ellas se presentan en tu vida. Una vez que hayas pensado esto, sabrás con qué herramientas cuentas para aprender a ser un ninja social.

¿Y por dónde empezar a hacer estas preguntas?

¿Qué preguntas hacer? A continuación, te dejo algunos casos y cuestiones que te ayudarán a tener una imagen más clara de ti mismo.

¿Qué habilidades sociales tienes?

- **Fortalezas sociales**. Son todas aquellas actitudes o comportamientos positivos que te ayudan a desenvolverte en un espacio con otras personas. No necesariamente tienen que ser habilidades sociales. Por ejemplo, piensa que eres muy bueno para identificar cuando otra persona necesita ayuda. Esto es una fortaleza social. Pregúntate: ¿en qué eres bueno? ¿Qué te gusta hacer? ¿En qué situaciones te sientes con mayor comodidad? ¿Qué actividades puedes realizar con mayor facilidad?

- **Debilidades sociales.** Pensemos en ellas como todo lo que se te dificulta hacer en una situación social. Por ejemplo, puede ser que te cueste decir que no al excusarte de algún evento o compromiso. Esto sería una debilidad social en la parte de la asertividad. Pregúntate: ¿en qué eres malo o en qué te consideras malo?

¿En qué situaciones te sientes incómodo? ¿Qué tipo de actitudes te han causado problemas? ¿Qué cosas de tus habilidades sociales quisieras cambiar?

- **¿Cuáles son tus motivos para emprender este camino?** Porque no podemos hacer nada sin preguntarnos los motivos y porque toda pregunta es una búsqueda. ¿Por qué quieres mejorar en tus habilidades sociales? ¿Hay algún evento al que quieres asistir? ¿Hay una persona a la que quieres conocer o impresionar? ¿Hay algún trabajo o pasatiempo que quieres conquistar? Pregúntate: ¿por qué quieres hacer esto? ¿Has hecho antes un ejercicio parecido? ¿Por dónde puedes empezar? ¿Qué asunto es el que consideras más urgente atender?

¿Cuáles son tus metas y a dónde quieres llegar?

Después de considerar estos asuntos, es importante que te traces una meta. No se trata de que escojas un objetivo y se quede ahí de una vez y para siempre; las metas pueden ir cambiando según vaya cambiando tu vida. Sin embargo, vale la pena que, aunque sea, te decidas por un primer objetivo para que tengas una dirección que seguir.

- Si estas aquí leyendo este libro, es porque ya has dado el primer paso de darte cuenta de en dónde estás parado. Puede ser que no tengas habilidades sociales y quieras mejorarlas, o quizá tu caso sea el de alguien curioso que simplemente quiere aprender un poco más sobre este tema. Independientemente del caso, estás aquí. Para trazar una meta, primero escribe, anota o piensa qué te gustaría lograr al terminar este libro. ¿Qué quieres aprender? ¿Qué quieres hacer? ¿En dónde quieres estar?

- Una vez que respondas esas preguntas, materializa lo que has pensado. Si tu respuesta a "¿Qué quieres aprender?" fue "Quiero aprender a dar un discurso en público", entonces ahora piensa en qué acciones te dirigirán a cumplir esa meta. ¿Cómo puedes mejorar esa habilidad? Tal vez una meta que te ayude a cumplir tu cometido sea, por ejemplo, que des un discurso breve frente a un grupo reducido de amigos y amigas. Este es un ejemplo de una acción que puedes tomar para alcanzar tus objetivos.

De lo que esto se trata es que establezcas algunas metas de corto plazo y acciones claras para llegar a ellas.

Puedes tomar ideas de este ejemplo. El orden es: meta-acción a realizar:

-       Hablar en público-dar un discurso breve frente a mis amigos y amigas.

-       Hacer amigos en una fiesta-hablar con un extraño y sacarle tema de conversación.

-       Tener un mejor puesto en mi trabajo-hablar con mi jefe y exponer mi caso.

-       Tomar un café con la persona que me gusta-acercarme a esta persona y preguntar qué día tiene libre para nosotros.

-       Por último, pregúntate cuál es tu motivación para leer este libro y para mejorar tus habilidades sociales. ¿Qué te motiva? ¿Por qué estás aquí? Puede que la respuesta a estas preguntas sea "Estoy aquí porque quiero tener más amigos" o "Quiero tener un mejor puesto en mi empresa".

Independientemente del caso, busca cuál es tú motivación. Una búsqueda o un camino no tiene sentido si no hay nada que buscar. Sin embargo, tampoco tiene sentido si te rindes frente al primer obstáculo. Por eso es importante que identifiques algo que te ayude a seguir adelante cuando lo necesites. Y si pierdes el camino o te distraes, una motivación te ayudará a recordar por qué empezaste este proceso.

Todas las ideas que hayas tenido mientras leías estos consejos, anótalas. Haz una lluvia de ideas. Escribe todo lo que se te ocurra. Escribe todas las metas que se te ocurran, pinta un escenario en el que quisieras estar, apunta lo que te motiva a seguir adelante. Acto seguido, guarda esa nota en tu teléfono o guarda esa libreta. Este será un espacio personal al que puedas acudir cada vez que te sientas abrumado o perturbado. Este espacio te ayudará y recordará por qué haces lo que haces. Digo esto porque a veces es complicado seguir adelante con un cambio cuando las cosas se ponen complicadas. Con este tipo de ejercicios, como el de mejorar las habilidades sociales, a veces nos vemos enfrentados con nuestra persona.

No me refiero a algo negativo, sino que este camino te hará darte cuenta de habilidades que tenías o habilidades que te faltaban. Estas impresiones pueden causar muchas reacciones diferentes. Por ello, es importante que tengas algo que te recuerde por qué empezaste a recorrer este camino.

Tips útiles para antes de empezar

Estos son unos tips que te ayudarán a lo largo de todo el libro.

- **Fíjate en personas que tengan buenas habilidades sociales**. Puede ser tu mamá, tu papá, un hermano o hermana, primo o prima, alguna amistad, un compañero de clase, un profesor o profesora. Piensa en esa persona y en la habilidad social que tiene. Puede ser que esa persona tenga un manejo increíble de su cuerpo o que sea muy buena leyendo el lenguaje no verbal de los demás. Quizás esa persona sea una maravillosa oradora pública, o tal vez tenga una personalidad vibrante que le permita conocer gente en cualquier situación social en la que se encuentre.

Una vez que tengas esta información, observa bien qué es lo que hace esa persona o investiga cómo lo hace. Dependiendo de la habilidad que quieras aprender, ten a este ejemplo en mente.

Por ejemplo, digamos que quieres dar un discurso público. Una persona que es muy buena dando discursos públicos es Barack Obama. Podrías ver los ademanes que hace, el tono de su voz, su carisma, su asertividad, etcétera. O piensa quizá en alguien más cercano a ti. Ve a esa persona, pregúntale qué hace y pídele consejos. Después, imítala. La manera más rápida e inmediata de que pruebes cómo se siente hacer algo es imitando lo que alguien más hace.

- **Busca opiniones externas**. Tú no puedes verte fuera de ti, pero las demás personas sí. Lo que recomiendo es que busques una perspectiva de alguien más. Eso te ayudará a adquirir retroalimentación, lo cual te servirá para saber cómo te está yendo en este proceso.

Es importante que encuentres a una persona de confianza que te diga qué tal te ves y qué tal te va, pues todos tenemos puntos ciegos que no podemos identificar por nosotros mismos.

Digamos, por ejemplo, que estás trabajando en mejorar tus ademanes y gestos faciales. Claro, puedes hablar frente a un espejo y notar tus expresiones, pero no servirá hacer esto porque no sabes cómo te percibirían los demás.

En este caso, puedes pedirle a un amigo tuyo que te observe y te diga qué piensa él de lo que estás haciendo.

- **La práctica hace al maestro.** Es un dicho muy popular porque es verdadero. Este consejo lo doy en este sentido: lleva a la acción lo que leas. No importa si lees mucho sobre el tema o si tu conocimientos sobre habilidades sociales es muy superior. Si no puedes aplicar lo que aprendas en una situación social real, no te sirve de mucho todo lo que aprendas. Al fin y al cabo, por eso se llaman habilidades *sociales*, porque se llevan a cabo en un entorno social con otras personas.

Si te quedas con estos conocimientos en privado, nunca podrás saber qué tanto has mejorado o si tu situación ha cambiado en algún sentido.

A lo que quiero llegar es que la verdadera acción, en este tipo de temas, está en la práctica. Hay personas que han leído muchos libros sobre habilidades sociales y, aun así, son muy torpes en la interacción. Por el contrario, hay otras personas que nunca han leído ninguna guía ni manual sobre el tema, pero son excelentes conversadoras y tienen un lenguaje corporal impecable. Estas últimas personas seguro platican mucho con la gente o se ponen siempre en un espacio social compartido. Por esto es importante que practiques. Sólo así podrás medir tu progreso.

CAPÍTULO 3: ANSIEDAD SOCIAL: QUÉ ES, CÓMO IDENTIFICARLO Y CÓMO REDUCIR SUS EFECTOS

Ya que hemos revisado algunos temas importantes antes de empezar, hablemos sobre ansiedad social. ¿Por qué hablar primero sobre ella? Porque ella hace la diferencia entre hacer algo para mejorar en las habilidades sociales o no hacer nada. ¿Por qué? Primero veamos qué es la ansiedad social.

¿Qué es la ansiedad social? Algunas personas suelen sentirse muy nerviosas o inquietas cuando tienen que enfrentarse a una situación social. Puede ser una entrevista de trabajo, liderar un grupo, asistir a una clase llena de personas desconocidas o presentar un proyecto. En cualquier caso que se te ocurra, si sientes nervios incontrolables o problemáticos, lo más probable es que padezcas algún grado de ansiedad social.

Es por eso por lo que es importante identificar si tienes ansiedad social. Hacer esto te permitirá tener una imagen más completa de por dónde debes empezar a trabajar en tu habilidad social.

Cuando se padece ansiedad social, se tiene miedo de quedar en ridículo, de equivocarse, de hablar con extraños, de ver a los ojos a la gente. Puede tener muchas formas diferentes. Ella te puede poner en una situación indeseable o incómoda. Pero no todo son malas noticias. La ansiedad social puede atenderse al punto en el que puedas reducirla notablemente. En este capítulo revisaremos cuáles son las causas de la ansiedad social, cómo se manifiesta y qué puede hacerse para solucionarla.

¿Cómo saber si tienes ansiedad social?

Gran parte de mi vida padecí una ansiedad social muy fuerte. Recuerdo que cuando peor la tuve fue cuando me gradué de la universidad. ¿Por qué? En ese momento de mi vida, yo estaba pasando por muchos cambios.

Me llenaba de incertidumbre estar graduado y no tener un trabajo o estar haciendo lo que quería hacer. Esa incertidumbre se convirtió en miedo y, al final, en ansiedad social.

Yo no salía mucho, no asistía a entrevistas de trabajo y me ponía muy nervioso conocer gente nueva. Incluso empecé a sentirme inseguro de mí mismo. Tiempo después entendí qué detonaba mi ansiedad social y trabajé en ello por bastantes meses. Hoy ya no soy la misma persona que era antes, pero eso llevó un esfuerzo detrás.

Bueno, pues veamos ahora si tú tienes ansiedad social o no. Estas son algunas de las situaciones más comunes que detonan la ansiedad social:

- Asistir a un evento

- Hablar con extraños

- Hablar frente a un público

- Hablar con una figura de autoridad.

- Ver a los ojos a un interlocutor en una conversación

- Llamar la atención en un espacio público

- Sentir nervios incontrolados al estar en un espacio desconocido

- Hacer una llamada telefónica

- Recibir críticas de terceras personas

Seguro has estado en alguna de esas situaciones. Piensa cómo te sentiste en ellas, si incluso leyéndolas ahora te has puesto nervioso o te han sudado las manos. Bien, una vez que tengas el pensamiento o el recuerdo, concéntrate en ello. ¿Qué pasó? ¿Cómo sentiste?

¿Qué hiciste para salir de esa situación? Cuando una persona tiene ansiedad social, hay diferentes señales físicas que pueden delatar ese sentimiento.

Por ejemplo:

- Excesiva sudoración del cuerpo o las manos

- Voz temblorosa

- Aumento de la sudoración

- Aumento en el ritmo cardiaco

- Dolor de estómago o mala digestión

- Dolor de cabeza

- Mareos o náuseas

- Aumento en la velocidad de la respiración

- Confusión al hablar

- Hablar muy rápido

- Lenguaje corporal cerrado

- Esconderse o evitar una situación social

Si has sentido estas reacciones en tu cuerpo o en tu actuar, lo más probable es que padezcas ansiedad social. ¿Tratas de evitar por completo cualquier situación que involucre un contacto con alguien más? ¿Haces excusas para no hablar con extraños? ¿Te pone muy mal el intentar expresar lo que sientes o piensas?

¿Sobreanalizas todo lo que dices y haces? ¿Te preocupas con días o semanas de antelación por el resultado de una situación social? ¿Intentas predecir el resultado de tus interacciones sociales?

Causas de la ansiedad social

Hay diferentes y diversas causas de la ansiedad social. No hay una causa o motivo que sea más claro que el otro, pues cada persona es diferente y cada uno tiene su propia experiencia de vida que determinará su ansiedad social. En este apartado revisaremos algunas de las causas más comunes de la ansiedad social. La revisión no es muy profunda, pero abarca distintas razones.

Si te interesa saber más sobre esto, te aconsejo consultar a un experto en el tema.

El peso de nuestro pasado

¿Conoces el caso de los perros o ratas que fueron condicionados para comer un pedazo de comida cuando sonara una campana? Bueno, las personas también podemos ser condicionadas de la misma manera. No es que haya un científico experimentando con nosotros y nuestra mente, sino que también podemos tener ciertos estímulos que nos hagan actuar de cierta manera.

Esta causa de la ansiedad social propone que el pasado de nuestra vida influye directamente en nosotros como detonante de la ansiedad social. ¿Cómo? De la misma manera que los animales son condicionados. Digamos que tienes una experiencia fuerte y recuerdas de ella un sentimiento o acto muy peculiar. La teoría dice que recordar ese momento causará en tu cuerpo un efecto específico; en este caso, te causará ansiedad social porque estás acostumbrado a tener esa reacción.

Pensemos en un ejemplo práctico para ilustrar lo que digo. Imagina que cuando trabajaste para una empresa de ventas tuviste que asistir a una reunión con un cliente que fue difícil para ti. La empresa contaba contigo para que hicieras el trato, pero fallaste.

Tal parece que el cliente fue grosero contigo y te hizo sentir muy nervioso. No supiste cómo actuar, y el resultado fue fatal. Ahora, cada vez que tienes un compromiso con un cliente importante te pones muy nervioso. Buscas la manera de evitar esa situación porque los recuerdos vienen a tu mente. Crees que vas a arruinar el trato o que la persona te hará sentir muy incómodo. Esto es un ejemplo de ansiedad social por el pasado de nuestra vida.

Influencia genética y familiar

Esta causa de la ansiedad social observa los antecedentes familiares. Es decir, esta teoría señala que el origen de este tipo de ansiedad se encuentra en el historial familiar de los padecimientos del ánimo.

Si tu padre padeció depresión, por ejemplo, podría significar que tú eres propenso a padecerla también. Es lo mismo con la ansiedad social. Nosotros compartimos ciertos genes con nuestra familia, y de ese pozo es de donde sacamos algunas de nuestras características.

La responsabilidad de la mente y de los sentimientos sobre nuestra persona

Lo que tenemos dentro es lo que reflejamos. Lo que esta teoría dice, se puede resumir en esa oración. Aquí tendríamos que fijarnos en nuestros pensamientos y en lo que sentimos sobre nosotros mismos. ¿Cómo? Pensemos, por ejemplo, que eres una persona muy positiva, enérgica, perseverante y cálida. Tu percepción sobre ti mismo será muy buena. Tendrás una autoestima alta, gran confianza en tus pensamientos y acciones y querrás compartir tiempo con otras personas. Piensa, por el contrario, que te percibes como una persona insegura, sin buenas cualidades y que no tiene nada bueno que aportar. Por más que lo intentes, ves todo te manera muy pesimista.

La idea que tendrás de ti será muy mala. Tu mala actitud se reflejará en tu personalidad, lo cual te causará problemas para relacionarte con los demás.

Yo tenía un primo al que le costaba muchísimo convivir con el resto de la familia.

Cuando jugábamos partidos de fútbol entre primos y primas, recuerdo que nunca quería participar. Si le preguntabas por qué, te respondía que no era nada bueno pateando la pelota o cubriendo una portería. Esto se repetía en todas las reuniones. Por su actitud, luego nadie quería jugar con él y, además, él se escondía y escapa de nuestro trato. Esto sucedía porque él tenía una mala idea suya, lo cual se vio reflejado en sus acciones. Además, cuando intentaba acercarse a nosotros, se ponía muy nervioso.

Este ejemplo ilustra de una manera sencilla cómo nuestras impresiones interiores sobre nosotros mismos pueden afectar cómo nos vemos y cómo nos tratan los demás. Esta teoría de eso va.

Miedo de defraudar a los miembros del grupo social

En esta teoría veremos que se pone en juego el tema de la sociabilidad humana. Como somos seres humanos, sentimos la necesidad de estar en un grupo. Por esta razón, hacemos lo posible para poder pertenecer a una "manada". Solamente hay que pensar en el auge y presencia de las redes sociales en nuestro día a día como prueba de esto. Nuestra necesidad de estar conectados y sentir que pertenecemos a un sitio está presente todo el tiempo.

Cuando decimos que existe una ansiedad social por miedo a no defraudar a los miembros del grupo social, nos referimos a que deseamos aportar a la cohesión social lo más posible. En otras palabras, no queremos ser la persona que rompa el orden existente. Eso podría resultar en nuestra expulsión del grupo. Si nos sacan de un espacio social, nos quedamos solos. ¿Cómo se puede sobrevivir si estamos solos?

Claro, puedes conseguir tus víveres y herramientas necesarias por ti mismo, pero no tienes otra persona con la cual realizar los actos más básicos de la interacción humana.

En palabras más simples, la ansiedad social, según esta teoría, sería causada por el miedo a decepcionar a los miembros del grupo. Uno trataría de evitar las situaciones que lo pongan en riesgo de ser expuesto frente a los demás.

Estas son algunas de las causas de la ansiedad social. Por supuesto, no son todas ni tampoco nos mutuamente excluyentes. Es decir, puede que tu ansiedad social esté causada por algunas de las razones aquí expuestas o puede que no. También puede ser que estas causas estén en ti todas combinadas, o que sólo una de ellas sea afín contigo. La cosa es que ninguna de estas causas de la ansiedad social es absoluta, lo cual significa que no puede excluir a las demás.

Obstáculos para superar la ansiedad social

Ya que hemos visto cuáles son algunas de las causas de la ansiedad social y qué situaciones la estimulan, veamos ahora frente a qué obstáculos podríamos enfrentarnos al momento de querer superarla.

El primer y más importante obstáculo es la falta de confianza en uno mismo. Cuando yo me puse de meta superar mi ansiedad social, recuerdo que lo primero que pasó por mi mente fue decirme a mí mismo que no podría hacerlo y que no era capaz. Me comparé con otras personas y me vi a mí mismo en un escenario bastante desolador y pesimista. Ya leímos en el apartado anterior qué pasa cuando caemos en estas actitudes. Claro, yo sólo terminé empeorando mi ansiedad y me rendí muy rápido en el intento de superarla.

La falta de confianza en uno mismo es un obstáculo para superar la ansiedad social porque nuestras acciones se ven comprometidas. Todo el esfuerzo que pudiéramos llegar a hacer para cambiar podría verse interrumpido o cortado por completo por nuestra falta de fe.

Quizá hoy quieres salir a dar un pasero para conocer a una persona nueva, pero tu falta de confianza en ti mismo te dice "No, no salgas. No te va a salir bien y nadie va a querer hablar contigo.". Básicamente, no confiar en ti es como autosabotearte intencionalmente.

¿Cómo se puede evitar caer en este comportamiento vicioso? Más adelante hablaremos de ello. Por lo pronto, ten en mente que esa actitud puede cambiarse y modificarse para que no interrumpa tus esfuerzos para mejorar tus habilidades sociales. El proceso de aprendizaje está lleno de baches y dificultades, por eso es un proceso y no un camino en línea recta.

La falta de confianza en uno mismo lleva al segundo obstáculo: la anticipación negativa. ¿Qué significa esto? Predisponerse a algo significa prever un hecho o resultado. Por ejemplo, que te predispongas a que saques la mejor calificación en el cierre del mes de ventas o que saques el peor resultado. Esto es una anticipación basada en conjeturas, es decir, en evidencia no real ni comprobada.

Predisponerse de forma negativa significa que esperas un resultado malo, indeseable o no preferible.

¿Qué significa esto para la ansiedad social? Significa que te anticipes negativamente ante las interacciones sociales.

No importa que aún no hayas ido a esa fiesta, que no hayas levantado la mano para hacer una pregunta, que no le hayas pedido a tu supervisor el aumento o que no hayas preguntado por ese café. En tu cabeza ya sobrepensaste todos los escenarios posibles y te convenciste de que nada bueno saldrá de lo que hagas. Por tanto, aquí entra la ansiedad social. Ya no te atreves a preguntar, no tomas ese riesgo. Por supuesto que siempre es bueno tomar precauciones con algunas cosas; no queremos andar por nuestra vida sin pensar antes de hablar o de actuar.

Correcto. Pero si tenemos de meta superar nuestra ansiedad social, anticiparnos y sobrepensar las acciones no nos ayuda a calmar nuestros nervios. Caemos en un círculo vicioso de pensar de un lado a otro cuál podría ser el posible resultado de cierta acción.

Así, realmente nunca intentaremos hacerla y nos quedaremos de brazos cruzados. Y si no actuamos, menos mejorará nuestra confianza.

El tercer obstáculo son los pensamientos negativos sobre uno mismo. Bien, pues ya que padeciste de baja confianza y caíste en la anticipación negativa, puede que puedas también caer en el vicio de pensar mal sobre ti mismo.

Imagina esto como una rueda en la que se necesitan muchos engranes pequeños para que se pueda hacer el giro. Ahora piensa que ese círculo es la ansiedad social y que todos los pequeños engranes son todos estos obstáculos que hemos ido nombrando. Sin ellos, nuestra ansiedad no podría ir tan fácil. Pues bien, los pensamientos negativos son parte de ese sistema.

Piénsalo de esta manera. Un pensamiento negativo, como ya vimos antes, es todo aquello que piensas sobre ti mismo que no necesariamente te deja bien parado ante ti y ante los demás. Imagina que vas a ir a una fiesta, y tú no sabes qué ponerte.

Llega la hora y decides ponerte lo primero que viste en el clóset. Asistes al evento, entras al cuarto y sientes cómo todas las miradas de todos los asistentes se posan sobre ti.

Ves que aquella chica señaló tus zapatos y que ese muchacho levantó las cejas al ver el color de tu camisa. Caminas un poco para sacudirte las miradas y te vas a una esquina oscura en donde nadie pueda verte. Te sientas y sacas tu celular para que parezca que estás ocupado. Minutos después, notas que alguien se acerca a ti.

¿Vendrá a decirte que tu ropa es horrible? ¿Qué te ves mal? Al fin y al cabo, no lo pensaste mucho y tendría sentido que no te vieras de la mejor forma posible. Quizá nunca debiste haber ido a esa fiesta en primer lugar. Pero, no. ¿Cuál es tu sorpresa al ver que el sujeto que se te acercó te preguntó dónde compraste tu camisa? Le encanta y quiere conseguir una igual.

Ese es un ejemplo rápido y sencillo para ver qué son los pensamientos negativos. Notemos que varios obstáculos para superar la ansiedad social se combinan aquí.

Primero, la anticipación y los pensamientos negativos. Tú estabas esperando comentarios negativos y que te criticaran abiertamente por tu ropa. Además, pensaste mal de ti y te dijiste que te veías mal ni siquiera habiéndote visto al espejo.

Esto afectó tu confianza y decidiste irte a esconder a un rincón oscuro y apartado.

Este último acto es el último obstáculo de la ansiedad social: los mecanismos de seguridad.

¿Por qué dejar la explicación de los mecanismos de seguridad hasta el final? Porque estos mecanismos nos dan una falsa sensación de que estamos por fin sobreponiéndonos a la ansiedad, de que ya la estamos superando. Sin embargo, la realidad está muy alejada de ello.

¿Qué son los mecanismos de seguridad? Así se le llama al conjunto de acciones que se hacen para evitar un contacto social en medio de un contacto social. ¿Cómo? Como el ejemplo que revisamos sobre la fiesta.

Decidiste ir a la fiesta, ¡bien por ti! Pero nunca interactuaste con nadie, no bailaste, no hiciste amigos, no subiste la mirada y nunca te paraste del banquito de aquel oscuro sitio. Piénsalo como si te escondieras a plena luz del día. Estás allí, pero nadie puede verte. Eso mismo es un mecanismo de seguridad. Son acciones que tomamos para sentirnos, valga la redundancia, seguros o seguras.

Por ejemplo: ir a una boda para no quedar mal con los novios, pero no hablar con nadie; asistir a una reunión laboral en otra ciudad, pero no hacer ningún contacto nuevo ni intercambiar tarjeta con nadie; ir a la clase de pintura a la que tanto querías asistir, pero nunca hacer preguntas, alzar la mano ni mostrar tu trabajo. En resumen, es todo lo que hacemos para evitar ser vistos.

¿Cuál es el problema de los mecanismos de seguridad? El problema de los mecanismos de seguridad es que nos dan una falsa sensación de que estamos progresando en el camino de superar la ansiedad social, cuando, en efecto, no es así. ¿Cómo que una falsa sensación? Pues, a lo mejor tú creíste que ir a la fiesta a la que, según tú, fuiste mal vestido, sería un avance para tu ansiedad.

Sin embargo, ¿en realidad lo fue? No hablaste con nadie, no hiciste amigos, no hiciste nada. No enfrentaste tus miedos, no te confrontaste contigo mismo, no te expusiste ni corriste ningún riesgo. Es como si no hubieras hecho nada en primer lugar.

El resultado del abuso indiscriminado de los mecanismos de seguridad es que los otros obstáculos para superar la ansiedad social no mejorarán e, incluso, podrían empeorar. Tu seguridad seguirá siendo baja, tu confianza también; tus pensamientos negativos podrían incluso acentuarse. ¿Por qué? Porque tal vez creíste que te sentirías mejor saliendo de tu casa y asistiendo al evento, pero ¿cuál es tu sorpresa al ver que te sigues sintiendo mal? Podrías llegar a sentir que no hiciste nada y que, por lo tanto, sigues siendo torpe para las interacciones sociales. Tu habilidad social no ha mejorado para nada, pues no has hecho un ejercicio para ayudarla.

Sin embargo, no todo está perdido. Equivocarse es parte del aprendizaje y del proceso.

Si no pasaras por ninguno de estos obstáculos, no podrías aprender a reconocerlos. Así que, ¡ánimo! Verlos es un buen primer paso. Puede llevarte mucho o tiempo o poco tiempo. Cada uno tiene su camino y cada uno se tardará lo que se tenga que tardar.

Superar la ansiedad social

Ya hemos llegado al momento de ver qué hacer con la ansiedad social. ¿Podemos aprender a controlar sus efectos? Por supuesto. Hay diversos ejercicios que podemos intentar que nos ayudarán a estar más tranquilos en las situaciones sociales y en los espacios compartidos con otros individuos. Aquellas personas que sufren de ansiedad social tienen constantemente muchas ideas en la cabeza, las cuales las ponen en situaciones incómodas y no muy buenas para sus habilidades sociales.

¿Cuál es la solución para esto? Lo que debemos hacer es trabajar en esos pensamientos y en nuestras reacciones antes las situaciones sociales.

Técnica de la exposición prolongada

¿En qué consiste la técnica de la exposición prolongada? Lo que busca esta estrategia es que te enfrentes, poco a poco, a tus miedos sociales. Imagina esto como hacer ejercicio.

Si quisieras hacer cincuenta lagartijas seguidas, no podrías hacerlas de golpe sin antes haber entrenado para ello, ¿no? Primero empiezas calentando, y luego, cada día, haces una repetición que va aumentando cada vez que entrenas. Empiezas con cinco lagartijas, y vas en aumento. Luego, en un par de semanas, ya puedes hacer quince lagartijas seguidas, por ejemplo. Esto sería una exposición prolongada en el ejercicio físico.

Si fueras a aplicar esta técnica en los miedos sociales, sería algo como esto. Digamos que una meta personal es que asistas a un club nocturno a conocer personas nuevas y diferentes. Sin embargo, te da mucha pena hacer esto porque te sientes inseguro, con baja autoestima y poca confianza. La estrategia de la exposición prolongada, ¿cómo aplicaría aquí? Yo haría esto.

Primero, buscaría un club conocido para mí e iría con un grupo de amigos. Intentaría esto varias veces hasta que me sienta cómodo en ese espacio. Después, buscaría un lugar diferente y cambiaría de grupo. La idea es irme poniendo en situaciones que sean incómodas y acostumbrarme hasta que ya no me molesten. Poco a poco, iría cambiando de espacios y me pondría en situaciones que me reten a mí y a mi miedo social.

Ya cuando sienta que puedo lidiar con mi ansiedad en las situaciones que describí, intentaría ir a un lugar desconocido e iría solo o con un par de amigos. Imagino todas las salidas anteriores como práctica para el momento final. Esta es la estrategia de la exposición prolongada. ¿Cómo podría ser para ti? Busca algo que quieras hacer y que te cueste mucho. ¿Qué situación te pone muy nervioso? ¿Qué activa tu ansiedad social? Una vez que lo tengas en mente, traza un plan en el que te vayas acercando poco a poco a tu objetivo. Por ejemplo, podría ser que quieras hablar con tu jefe para comentarle que crees que mereces un mejor salario. Claro, a cualquiera esta situación le puede alterar la tranquilidad.

Para enfrentarte a tu miedo, podrías escribir en un papel, primero, lo que quieres decir. Podrías practicar frente al espejo, después frente a un amigo, y así sucesivamente. La meta es que puedas hablar con tu jefe sin sentir miedo o nervios excesivos.

Reducir la autoconciencia: enfócate en los demás

Este es un paso crucial para superar la ansiedad social. Cuando te sientes inseguro, inquieto o tu confianza se ve turbado por algo, es común esperar que la autoconciencia aumente a un nivel que sea dañino para ti. ¿Qué es la autoconciencia? Es la concentración que diriges hacia ti mismo. Es como estar pendiente de lo que piensas, lo que te rodea, lo que dices, etcétera. Por supuesto que un poco de ella es buena e incluso necesaria para una buena convivencia. Sin embargo, exceso de autoconciencia puede perjudicarte en tus relaciones interpersonales. ¿Por qué?

Porque si te fijas demasiado en lo que haces, analizas cada palabra y sobreanalizas cada resultado corres el riesgo de salirte de la realidad que te rodea.

Piensa en el ejemplo de la fiesta que vimos hace un momento. Ese pensar demasiado en lo que dicen de ti, pensar en tu ropa, zapatos o cabello, en vez de concentrarte en conocer a otras personas, sería tener una autoconciencia excesiva. La autoconciencia está vinculada a la ansiedad social. Además, nos da una falsa sensación de seguridad en medio de una situación social.

¿Te suena conocido? Así es, la autoconciencia es un mecanismo de seguridad. En un principio, podría parecernos saludable fijarnos en cómo nos presentamos al mundo, pero podemos caer el riesgo de caer en una actitud demasiado controladora y limitante.

¿Qué puedes hacer para reducir la autoconciencia?

- No sobreanalices cada paso que des. No sobreanalices tus palabras, tus pensamientos, tu vestimenta, tu trabajo. Déjate llevar más de vez en cuando. No solamente sobreanalizar te hará ser más autoconciente, sino que te evitará sorprenderte ante las situaciones de la vida. ¡No lo pienses tanto! Aunque lo hagas, no podrás anticipar el resultado de lo que hagas.

Además, lo más probable es que nadie esté tan pendiente de ti como tú lo estás. Sólo tú te estás fijando de esa muletilla que tienes, y sólo tú sabes que el color de tus calcetines no combina.

- Nadie puede notar que estás ansioso. El miedo de que los demás noten que estás ansioso puede ser un factor clave para la autoconciencia. ¿Por qué? Porque vas a estar pendiente de que los demás no noten que estás sudando o que tiemblas. Esto te hará controlar tus movimientos y restringir lo que dices. Lo cierto, sin embargo, como dijimos arriba, es que nadie está tan pendiente de tú como tú crees. Cada persona tiene sus propios pensamientos y problemas, y seguro cada persona también se pone nerviosa en su propia situación. Te aseguro que nadie puede notar lo nervioso que estás; bueno, quizá solo tú.

- Y aunque se no te que estés nervioso, no pasa nada. Claro. Porque todos nos ponemos nerviosos de vez en cuando. Es normal que no te sientas cómodo si tienes que hablar en público o pedir un aumento. Estos escenarios son riesgosos para cualquiera porque ponen mucha presión en nuestros hombros. Piensa en eso la próxima vez que te pongas muy ansioso. Nadie te juzgará duramente si te equivocas al hablar o si te cuesta trabajo articular tus pensamientos. Por el contrario, la empatía será desbordante en situaciones así.

- No eres el centro de atención. Sí, nadie es el centro de atención. Nadie se está fijando en ti, así como tú tampoco te fijas en los demás. A menos que estés sobre una plataforma, con un micrófono en la mano o una señal luminosa sobre tu cabeza, lo más probable es que todos estén ocupándose de sus propios asuntos.

- No te precipites ni te predispongas. Así es. Ten en mente que superar la ansiedad social de una vez por todas es un escenario ideal y utópico. Todos nos topamos con baches y obstáculos; a veces dar dos pasos adelante se podrá sentir como regresar tres espacios.

¡No pasa nada! Fallar es parte del aprendizaje y de la vida en general. Nadie te está persiguiendo, entonces no corras por escapar.

-      Y lo más importante: sé tú mismo. No temas ser quien eres. No tienes que encajar en un molde para caerle bien a los demás. Recuerda que somos miles de millones de personas en este mundo, así que hay muchas oportunidades para expresar quien eres. Siempre habrá un grupo de gente con el que puedas entender. Por tanto, si no has encontrado dónde encajar, seguramente pronto encontrarás a esas personas que te aprecien por quien eres. ¡Sé auténtico!

Confrontar los pensamientos negativos

La salida más pronta para confrontar los pensamientos negativos es que analices lo que estás sintiendo. No en un nivel en el que sobreanalices todo, sino en un nivel saludable y sensato. Piensa un poco en qué estás sintiendo, piensa por qué lo estás sintiendo, y analiza cuál pudiera ser la solución. Es como si dieras un paso fuera tu cuerpo y te vieras a ti mismo fuera de quien eres.

Trata de racionalizar lo que sucede, como si estuvieras dándole un consejo a alguien. Podrías hablar, incluso, en tercera persona: "X está sintiendo esto por esta razón", "A X no le gustó eso", "X puede hacer esto para sentirse mejor".

Busca situaciones que sean cómodas para ti

Para lidiar con la ansiedad social no siempre tienes que buscar situaciones en extremo complicadas o incómodas. Es decir, no tienes que obligarte a ir a una fiesta y bailar frente a todo el mundo si no quieres hacerlo. Piensa en algo que te guste hacer y busca personas que compartan ese gusto. Podrías buscar un grupo de ciclismo, un club de cocina o lectura, un grupo de pintores, etcétera.

Podrías empezar por allí a abrirte a las demás personas.

Así, matarás dos pájaros de un tiro: harás algo que te gusta y practicarás tus habilidades sociales. Estar en un ambiente ameno y agradable apaciguará bastante tu ansiedad social.

Construye tu vida alrededor del cambio que quieres ver para ti

Esta técnica tiene que ver con tu estilo de vida. Mente y cuerpo son inseparables, pues, la mente sana está en un cuerpo sano. ¿Sabías que en la antigua Grecia se enseñaba educación física con la misma importancia con la que se enseñaba filosofía o física? Este pueblo creía que el cuerpo y la mente debían estar ambos en un buen estado de salud, pues si alguno fallaba, el otro no podía funcionar bien.

Revisemos algunos cambios de hábito que pudieran servirte para reducir tu ansiedad:

- **Reduce o elimina tu consumo de alcohol y cafeína**. Las bebidas que contienen cafeína o alcohol pueden activar o empeorar los síntomas de la ansiedad. ¿Alguna vez has tomado café estando muy nervioso por algo? El resultado no es bonito. Cambia estas bebidas por jugos naturales o agua.

- **Actívate**. Los expertos recomiendan treinta minutos de ejercicio al día. Puedes hacer ejercicios cardiovasculares o de musculación. La idea es que te muevas y hagas que la sangre corra por tus venas. No sólo encontrarás un espacio que dedicarás sólo para ti, sino también una sensación de calma y relajación gracias a las hormonas que el ejercicio libera en tu cuerpo.

- **Encuentra una dieta que se acople a tus necesidades**. Todas las personas tienen cuerpos diferentes, por lo cual nuestras necesidades también lo son. Busca una dieta que se acople a tu estilo de vida y a las necesidades de tu cuerpo. Una mala o deficiente alimentación puede devenir en poca energía, mal humor y bajo rendimiento. Intenta comer saludablemente. Prepara tus comidas con antelación o busca platillos sencillos para que puedas preparar.

- **Duerme bien**. El eterno dilema de la vida moderna: las pocas horas de sueño. ¿Sabías que dormir poco puede afectar tu memoria, capacidad de concentración y humor? No siempre le damos importancia al sueño, lo cual puede tener consecuencias graves a largo plazo. Así que, está bien, duérmete temprano y no te sientas culpable si no pasaste la noche en vela terminando un trabajo. Es importante que cuides de tu salud mental y física. Recuerda que dormir nos sirve para filtrar y limpiar nuestro cerebro de toxinas dañinas.

- **Fortalece las relaciones interpersonales que ya tengas**. Es importante que te apoyes de las personas que ya conoces. Busca familiares, amigos o compañeros que te apoyen y te hagan sentir bien. Estas personas te acompañarán en tu camino y procurarán darte ayuda cada vez que las necesites. No te aísles del mundo. Siempre será bueno compartir momentos con las personas que nos importan, y seguro tu ánimo te lo agradecerá.

- **Manejo del estrés**. El estrés es un problema que le aqueja a casi todas las personas que conozco y casi a todas las que tú conoces también, seguro. Hoy en día es muy fácil estresarse por cualquier cosa. Nos estresamos por las noticias, por el pronóstico del clima, por el tráfico, por el trabajo. El mundo se mueve tan rápido y nosotros somos muy pequeños y estamos indefensos. Por supuesto que en medio de toda esta ola de información y cambios nos veremos volcados en mucho estrés. ¿Qué podemos hacer para reducirlo?

Hay muchas técnicas que pueden resultarte útiles para este propósito. Por ejemplo, si tu trabajo te estresa, deja tu trabajo en la oficina. No contestes llamadas de trabajo en medio de un almuerzo o después de cierto horario. Hay cosas que puedes resolver al momento y otras cosas que no puedes resolver. Entonces, ¿por qué preocuparse?

No todo está en tu control.

Otra cosa que puedes hacer es empezar a meditar. Hay muchas maneras de hacerlo, pero yo recomiendo dos.

La primera se trata de esa meditación que vemos en series o películas: consigue un espacio callado y con luz tenue, siéntate en el piso, cierra los ojos y relájate. Este tipo de meditación empieza en el cuerpo y se extiende hasta la mente. La idea es que te desconectes del mundo y puedas tener un espacio en el que sólo la respiración ocupe tu mente. Otro tipo de meditación que me gusta practicar y recomendar es la que trabaja sobre tus pensamientos. ¿Cómo funciona? Esta meditación busca que te conectes con tu mente y que estés consciente de tus alrededores. Este nivel de consciencia no es excesivo ni dañino, sino sanador.

¿Por qué? Esta meditación busca que sepas identificar lo que sientes para que sepas cómo lidiar con ello. En el mundo de hoy estamos muy conectados con otros a través de redes sociales, pero muy desconectados de nosotros mismos. Tómate un tiempo para anotar lo que sientes y preguntarte por tus pensamientos.

Para cerrar este primer capítulo, te dejo con la siguiente reflexión: esto es un proceso. Los procesos tienen diversos pasos, dificultades y estrategias.

Todo esto es parte del camino para superar la ansiedad social, así que no te preocupes tanto por correr ni por apurarte. Cada persona tiene su trayecto que recorrer.

Recuerda que tú ya diste el paso más importante, que es querer cambiar tu situación. Quizá antes no sabías qué era lo que te molestaba, y ahora ya lo sabes. Eso es lo más importante del proceso: estar consciente de en dónde estás parado. Los resultados podrían tardar en llegar, no te mentiré. Así que procura ser perseverante. ¿Recuerdas esa hoja de apuntes que mencionamos en los capítulos anteriores? Cuando sientas que ya nos aves porqué haces lo que haces, puedes sacar esa hoja y recordarte a ti mismo porqué empezaste este camino. ¡No te rindas!

Capítulo 4: Lenguaje corporal: Cómo leer la mente de las personas

¿Sabes qué es el lenguaje corporal? Seguro has escuchado esa expresión o frase que dice algo relacionado con el lenguaje corporal de una persona. Por ejemplo, "Su presencia es muy fuerte", "Demuestra mucha confianza", "Inspira confianza" o "No me da nada de confianza". Este tipo de presentimientos los percibimos por el lenguaje no verbal. ¿Por qué y qué es el lenguaje no verbal?

Nuestras palabras no son las únicas que comunican nuestros pensamientos, deseos o disgustos. También nuestro cuerpo lo hace, y me atrevo a decir que incluso más.

La ciencia menciona que el lenguaje corporal es responsable de más de la mitad del porcentaje del potencial comunicativo de nuestras personas. Es decir, que más de la mitad del porcentaje de nuestra comunicación se expresa a través de nuestro cuerpo, de nuestras expresiones faciales, de nuestro tono de voz, entre otros. Por ello podemos tener presentimientos o ideas de cómo es una persona, porque podemos leer su lenguaje corporal.

¿Y qué es el lenguaje corporal? ¿Qué involucra? Todo lo que no sean palabras escritas o habladas es lenguaje no verbal. Es decir, el movimiento de nuestra cabeza, de nuestros brazos, pies y piernas, el tono de voz, la velocidad con la que hablamos, la postura, la posición de los hombros. Todo ello es el lenguaje corporal. Lo estudiamos en este libro de habilidades sociales porque es importante saber leer e interpretar el lenguaje corporal de los demás para poder entablar relaciones sociales significativas.

Asimismo, también es importante que nosotros sepamos lo que comunicamos con nuestro cuerpo.

Te daré un ejemplo. Recuerdo que cuando apenas entré a trabajar en donde estoy hoy, tenía una compañera a la que no le caía muy bien. Al menos eso creía yo. Cada vez que yo le daba los buenos días, ella nunca me respondía.

No me volteaba a ver, no me estrechaba la mano y siempre rehuía a mi mirada.

Sus piernas las cruzaba y me daba la espalda cuando podía. Si me la encontraba en la cafetería, ella me pedía con un tono grosero que le diera permiso y que la dejara pasar a su mesa. Yo no podía entender por qué no le gustaba mi presencia, así que la confronté y le pregunté amablemente los motivos de sus actos. Al parecer ella no tenía ningún problema conmigo, pero entendía por qué tenía la duda. Ella se daba cuenta de que su cuerpo comunicaba muy fuertemente que yo no le agradaba, pero no sabía cómo cambiar eso. Este es un ejemplo de lo que puede pasar cuando no sabes leer ni manejar bien tu lenguaje corporal.

En este capítulo revisaremos cómo leer el lenguaje corporal de otras personas y cómo proyectarlo desde ti mismo. Cuando dominas esta actividad, puedes tener la oportunidad de mejorar en la interacción social en general. Podrás saber lo que las personas piensan incluso antes de que lo digan; podrás proyectar confianza y alta autoestima; podrás conectar mejor con las personas y ellas podrán también entenderte a ti un poco mejor.

¿Cómo entender el lenguaje corporal de otras personas?

Para empezar a hacerse un maestro en el lenguaje corporal, empecemos revisando lo que otras personas comunican con su lenguaje no verbal. Esto te servirá de práctica para entender a los demás y también para ti mismo. Comencemos analizando las señales negativas.

Nuestro cuerpo, como ya dijimos, tiene un gran potencial comunicativo. Esto sucede porque el cuerpo manda señales inconscientes hacia el resto del mundo. Puede que tú no te des cuenta, pero quizá estés encorvado justo ahora, mientras lees el libro.

Puede que no te sientas cansado o agotado, pero para el resto del mundo podría ser el caso. Este tipo de señales son inconscientes, pero hacerlas conscientes es la clave y lo que queremos conseguir al final de este capítulo.

En nuestra vida lidiamos con todo tipo de personas: agradables, comprensivas, difíciles, impacientes, irrespetuosas, generosas. Hay de todo tipo. En ocasiones, es sencillo identificar cuando a una persona no le agradas o no quiere hablar contigo.

En otras, sin embargo, no es tan fácil darse cuenta de ello. ¿Qué señales del lenguaje corporal te ayudarán a darte cuenta de esto? Los siguientes son algunos signos o comportamientos que indican que la persona que tienes en frente no quiere establecer ningún contacto contigo, que no le agradas, que no está feliz o que preferiría estar en otro lado.

- Tiene los brazos cruzados frente al pecho.

- Sus pies están dirigidos hacia la puerta.

-   Tiene el ceño y los labios fruncidos.

-   Suspira seguido y voltea a ver a otro lado.

-   No te ve a los ojos cuando le hablas.

-   Tiene los hombros bajos y se aleja de ti.

-   Está jugueteando con sus manos, cabello, o cualquier cosa que distraiga su atención de ti.

-   Su expresión facial no cambia ni demuestra ninguna emoción.

Estas señales son sólo algunas de las cuales podrían indicarte que esa persona tiene su mente en otro lado o simplemente no quiere estar contigo. Esto no tiene nada de malo. Sin embargo, saber leer esas señales te ayudará a escoger mejor tus conversaciones y saber en dónde vale la pena estresarse y en dónde no. En pocas palabras, podrás ser más inteligente al escoger tus interacciones sociales.

¿Cuáles son las claves para proyectar un buen lenguaje corporal? ¿Cómo puedes mostrarte como deseas ser visto?

Ya sea que quieras proyectarte como un sujeto amable, abierto, cálido y relajado, o como una persona imponente, líder, confiada y poderosa, el lenguaje corporal será tu aliado más fiel, útil y constante. Si tienes control de lo que proyectas y conoces bien las señales que tu cuerpo puede emitir, reducirás en lo posible las confusiones o malinterpretaciones de otras personas.

¿Alguna vez te ha pasado que te han preguntado por qué estabas de mal humor cuando, de hecho, estabas muy feliz? ¿Has quedado mal parado en una entrevista de trabajo porque te presentaste como un sujeto agresivo o nervioso? ¿Has tenido discusiones fuertes porque no supiste controlar tu lenguaje corporal? Bueno, en esta sección revisaremos unos tips rápidos y útiles que puedes aplicar en cualquier situación. Aprenderemos a proyectarnos de una manera positiva, sencilla y directa.

- **Controla el tono de tu voz**. A nadie le gusta que le griten, ni tampoco es agradable no poder escuchar lo que el otro dice. Es importante que sepas modular el tono y cadencia de tu voz. Es decir, aprende a identificar cuándo es el momento para hablar fuerte y cuándo para hablar bajo. Además. No te apresures demasiado ni tampoco arrastres las palabras. Tanto tono como cadencia o velocidad pueden causar diferentes reacciones en tus interlocutores. Procura siempre leer la situación y juzga cuál es la mejor manera de expresar tus ideas. No se trata de qué digas, sino cómo lo digas.

- **Mantén un buen contacto visual.** Esta parte es muy importante en el lenguaje corporal. Cuando ves a alguien a los ojos, demuestras el respeto, atención o consideración que tienes por él o ella. Trata de ver a los ojos a las persona s siempre que puedas. Si no te acostumbras a hacerlo, puedes empezar por ver el entrecejo o la frente. Esto te ayudará a irte acostumbrando a ver a las personas de frente. Si evitaras verlas, podrías mandar un mensaje equivocado.

- **Practica un buen apretón de manos.** Los apretones de mano dicen mucho de nosotros. Un apretón fuerte y firme comunica liderazgo, seguridad y confianza. En cambio, un apretón demasiado débil o muy exagerado podría percibirse equivocadamente. Ser agresivo y jalar a la persona hacia ti cuando das el apretón podría ser percibido como una señal de control. Caso contrario, si tu apretón es muy flojo, parecerá que te sientes inseguro o que no sabes lo que haces.

- **Mejora tu postura y párate derecho.** Una buena postura no sólo es buena para el cuello y la espalda, sino que también te ayuda a sentirte y verte mejor. Trata de echar los hombros para atrás y tener la espalda recta. Esta postura te ayudará a verte seguro, confiado y carismático. Las personas que se paran y caminan derechas proyectan una calidez y apertura indescriptible.

- **Practica un andar seguro y confiado.** Imagina que tienes que llegar al otro lado de un cuarto. Como la búsqueda del tesoro, ese sitio es tu destino. ¿Cómo caminas cuando buscas algo? ¿Caminas distraído o caminas con determinación? Nuestra caminata puede revelar mucho de nosotros, aunque no nos demos cuenta. Practica caminar con determinación y dirección, cual si una flecha recta trazara tus pasos al andar. Evita en lo posible caminar sin propósito ni motivo si la situación no lo amerita.

- **No te juguetees la cara, el cabello o la ropa.** Estos comportamientos podrían ser percibidos por inseguridad, fastidio o desinterés. Además, evidencian los nervios o ansiedad y pueden llegar a ser desesperantes o molestos para otras personas. Intenta estar consciente de lo que haces con tus manos y contrólalo. Intenta relajarte si es que te da ganas de agarrarte la cara o de jugar con tu cabello. Respira hondo y ocupa tus manos y mente en otra cosa. Quizá simplemente te sientes inquieto por una presentación o porque estás esperando algo. Podrías probar dirigir esa ansiedad hacia otro comportamiento.

Toma un vaso con agua, camina un poco o ponte a escribir.

- **Mantén los brazos abiertos.** En general, ten una postura que invite a la conversación. Si cruzas los brazos, das la espalda o volteas el cuerpo, podrías dar la impresión de que no estás interesado en la conversación. Al contrario, trata de ver de frente a la persona que te habla. Busca que tu cuerpo se dirija hacia el suyo y pon los brazos en tu regazo o a tus lados.

- **Respeta el espacio personal de las demás personas.** Este atributo del lenguaje corporal se refiere a en dónde te paras o sientas. El espacio vital o personal es el espacio que tiene cada persona para moverse, respirar y, en general, ser. ¿No te ha parecido extraño que una persona desconocida se te acerque demasiado? ¿No es raro cuando alguien te toca de repente? Bueno, esto es lo que tratamos de evitar.

Si interactúas con un o una desconocida, cuida muchísimo el espacio que dejas entre tú y él o ella.

Ten respeto y considera que cada persona quiere que su espacio permanezca intacto. Si la persona es, en cambio, un familiar o amigo con quien tengas más confianza, entonces puedes tener más libertad en el movimiento. La regla de oro es la siguiente: nunca asumas nada. Ya sea familiar, amigo o desconocido, analiza la situación antes de actuar.

- **No temas usar un espejo.** El espejo es tu mejor amigo. Todo lo anterior puedes practicarlo frente a él.

Usar el lenguaje corporal a nuestro favor para presentarnos en público

Este elemento del lenguaje corporal siempre viene muy útil. Hablar en público es una situación que a cualquiera puede poner nervioso o nerviosa. No importa si es un escenario con un público de mil personas o de cinco asistentes: la visión es la misma.

Pararnos frente a alguien más y hablar nos pone en un espacio muy vulnerable, entonces es de esperarse que estemos ansiosos por hacerlo.

Ahora bien, estar ansioso no puede desaparecerse de un día a otro, pero sí puede disimularse y es lo que revisaremos en este apartado.

No sólo es importante disimular los nervios, sino también estar pendiente de nuestra audiencia. Si logramos un equilibrio entre ambas acciones, seguro seremos oradores brillantes.

- Si tu discurso, presentación o exposición es en un escenario con sillas, entonces practica cómo vas a sentarte. Recuerda sentarte erguido, con la cabeza en alto y con los hombros para atrás. No abras las piernas hacia el público ni des la espalda. En cambio, cierra las piernas y dirígelas hacia los lados. No apoyes la cabeza en tus manos y procura no encorvarte. Si te cansas mucho, puedes pegarte al respaldo con la espalda recta y permitir que te sostenga un rato. No juguetees con las manos; puedes tenerlas apoyadas en los descansabrazos si no sabes dónde ponerlas.

Si tu presentación es sin sillas y tienes que estar parado, es un poco más complicado, pero no imposible. Las mismas reglas que revisamos hace un momento aplican para esto. Párate derecho. No metas las manos en los bolsillos. Puedes tenerlas entrelazadas detrás de la espalda o frente a ti; cualquier movimiento te hará parecer una persona en control y confiada.

- Para asegurarte de que tu mensaje sea emitido con eficiencia, utiliza los gestos y ademanes corporales. ¿Qué son? Es lo que hacemos con las manos cuando nos expresamos verbalmente. Por ejemplo, cuando quieres indicar que te sientes sorprendido, pones tus manos en tus cachetes, ¿cierto? O cuando quieres indicar que viste un objeto muy grande, utilizas tus manos para figurar dicho objeto. Bueno, eso son los ademanes. Ellos nos ayudan a acentuar lo que decimos, a darle énfasis a las palabras que queremos que se noten más. Practica frente a un espejo tus ademanes. Piensa en algo que quieras decir y ve qué ademanes podrían pegar con eso.

Eso sí, esto no es un concurso de declamación poética (a menos que sí lo sea). Si exageras demasiado tus gestos, podrías distraer al público de lo que estás diciendo.

Qué tan notorios o no notorios sean tus ademanes dependerá de la naturaleza del discurso.

- Por último, observa cómo reacciona tu público a las palabras. Si ves que están perdiendo el interés en lo que dices, puedes probar algunas técnicas para recuperar su atención. Si estás sentado, reclínate hacia adelante y habla con voz pausada y enfática. Si estás parado, detente de pronto o quédate parado un momento.

Acompaña este movimiento con una voz segura y fuerte. Esto le ayudará a tu público a prestarte atención.

Momentos particulares

Los momentos particulares son aquellos que requieren de un lenguaje corporal más especial y específico. Me refiero a las citas, negociaciones, entrevistas laborales o discusiones, por ejemplo.

Estas experiencias pueden poner tenso a cualquiera. Esa tensión podría reflejarse en el lenguaje corporal. Saber cómo actuar te servirá para relajarte un poco y tener control de la situación.

- Intenta copiar lo que la otra persona hace. No se trata de que imites paso por paso lo que la otra persona hace. Lo que digo es que busques la manera de entrar en sintonía con ella. Si tu compañero de conversación se sienta, siéntate tu también. Si se para, puedes pararte. La idea es que ambos sientan que se comunican en la misma línea.

- ¡Relájate! Respira un poco, lávate las manos o toma agua. Deja tu celular, escribe un poco, ojea una revista. No sobrepienses ni analices la situación más de lo que sea pertinente. Ya estás allí y no puedes hacer nada para huir. No importa el resultado, saldrás adelante con lo que tengas a la mano. Además, recuerda que estar nervioso puede manifestarse en comportamientos incómodos como tocarse la cara, juguetear con los pies y con el cabello. Esto sí puede dar una mala impresión, entonces cuida no hacerlo.

Una breve reflexión final

Recuerda no pensarlo demasiado. Como ya vimos en capítulos anteriores, pensar demasiado las cosas puede ser bueno a veces, pero no en la mayoría de las ocasiones. Si te concentras mucho en cada movimiento que haces, perderás la concentración de la conversación. Eso puede resultar contraproducente para ti y para tus cometidos.

Por último, recuerda practicar frente a un espejo o con amigos si te cuesta mucho trabajo comunicarte corporalmente. Haz preguntas a alguien más y dile "¿Qué crees que comunico con esto?", "¿Se entiende que quiero proyectar seguridad y confianza?", "¿Crees que esta postura es agresiva?", "¿Crees que mi apretón de manos es adecuado?", y así sucesivamente. Saber leer y usar el lenguaje corporal a tu favor es una gran herramienta para las habilidades sociales.

CAPÍTULO 5: EL CARISMA: UNA CUALIDAD QUE CUALQUIERA DESEA, PERO CASI NADIE TIENE. ¿CÓMO EMPEZAR A SER CARISMÁTICO?

El carisma es una cualidad que muchas personas desean tener. Se cree equivocadamente que o naces siendo carismático o nunca lo serás. Esta creencia es falsa. Como todo, también se puede aprender.

El carisma es una aptitud de las personas que las hace sentir y parecer como si estuvieran revestidas de un manto de oro. Una persona carismática es aquella que te hace sentir bien, que te hace sonreír, que la ves y tu día automáticamente mejora. El carisma es como un secreto muy bien guardado, pues todos sabemos cómo identificar a alguien que posea esta cualidad, pero muy poca gente sabe cómo tenerla realmente. Pero ¿qué es el carisma, en concreto?

El carisma puede ser muchas cosas.

Por un lado, es la habilidad que tienen ciertas personas para crear y mantener buenas relaciones con los demás. También puede ser el talento para hacer sentir especial a otros y otras. Podría manifestarse, asimismo, como la seguridad que caracteriza a una persona que no teme a nada.

Como verás, el carisma es muchas cosas. No podemos decir de una vez por todas qué es porque eso sería limitarlo. El carisma tiene muchas formas de manifestarse. Cada persona es diferente, y todos podemos expresarlo de una manera única. Quizá lo que une a todos los colores del carisma es que las personas carismáticas tienen la cabeza más concentrada en los demás y no tanto en sí mismas. No piensan tanto en cómo destacar, en hablar más que otros, en ser los primeros en llegar. Ellas se asegurarán de que todos se sientan bien en su presencia.

Entonces, ¿cómo identificar a una persona carismática?

Las personas carismáticas son aquellas que son seguras de sí mismas, son auténticas y confiadas. Quien las conoce las admira, aunque no sepa muy bien por qué. Es una persona no necesariamente con muchos amigos, pero sí con una excelente habilidad para relacionarse con los demás.

Las personas carismáticas tienen una personalidad muy atrayente y magnética; quienes las conocemos queremos estar siempre junto a ellas. Además, son gente respetuosa, tolerante, líder y con excelentes habilidades sociales.

¿Conoces a alguna persona carismática? ¿Cómo les va en la vida personal? ¿Y en el trabajo? ¿Quizá en alguna actividad académica? Estas personas tienen mayor probabilidad de tener éxito en la vida en todas las áreas posibles. Esto no porque tengan mucha sabiduría o sean mejor que todos en todos los aspectos. Es precisamente por lo que decíamos en la introducción del libro. La habilidad que estas personas tienen para conectar con otros les permite moverse de manera efectiva y segura por sus relaciones interpersonales. El carisma es tan magnético y cálido, que procuramos tenerlo cerca.

Por eso es más propensa una persona carismática a conseguir un trabajo, un ascenso, a caer mejor en una fiesta o a hacer amigos más fácilmente.

Y bien, ¿esta es una cualidad que todos podemos adquirir? Ciertamente. Lo único que hay que tomar en cuenta antes de comenzar este proceso es, como ya sabemos, saber en dónde estás parado. ¿Eres o no carismático? Veamos un poco más sobre esta cualidad para aprender más de ella.

Los primeros pasos para ser una persona carismática

Antes de comenzar a ver todos los rasgos que caracterizan a una persona carismática, veamos de manera somera y sencilla qué actitudes y comportamientos debes evitar si no quieres ser mal visto. Una mala respuesta o palabra, un gesto inadecuado o impertinente: cualquier cosa podría hacer que los demás cambien su idea sobre ti si no te cuidas de estos comportamientos.

- No digas malas palabras si no es necesario. Claro, a veces las malas palabras son buenas para sacar nuestra frustración o enojo ante ciertas situaciones. Sin embargo, decir groserías en cualquier espacio y tiempo podría llegar a ser muy desagradable para los demás.

Imagínate que estás en una conferencia o en un desayuno en familia, ¡y de repente se te sale una mala palabra! Eso sería muy desafortunado, ¿no crees?

- No chismees sobre los demás. A nadie le gusta un soplón o una persona que está muy pendiente de la vida de otros. A todos nos gusta chismear y enterarnos de los acontecimientos más escandalosos, pero no vivimos de eso. Es muy agotador estar en una conversación con alguien cuyo único tema de plática es la vida de otras personas. Podrías quedar parado con una reputación de chismoso.

- No te quejes de todo. No le mires el lado negativo a todo. Así como lo positivo se contagia, lo negativo también. Procura guardarte tus malos comentarios, pues podrían arruinarle el día a alguien.

- Ten cuidado de ofender a alguien. Me refiero a ofender a las personas con las que no estás de acuerdo. No puedes controlar las reacciones de tus compañeros o compañeras, pero sí puedes vigilar lo que dices para evitar caer en algún comentario ofensivo, sucio o innecesario.

- No seas arrogante ni te sientas superior a los demás. A nadie le gusta tratar con un petulante a quien sólo le quedar bien él mientras los demás la pasan mal. Cada persona es única a su manera, y todos tenemos algo que aportar.

- Arriésgate un poco más y vive aventuras. No seas tan predecible. No planees cada minuto de cada día. Si necesitas organizarte, hazlo. Pero si puedes permitirte uno o dos días libres, ¡hazlo! No temas dejar de lado un rato la rutina; el mundo no se acabará si lo haces. Las personas espontáneas son divertidas e impredecibles. Esta es una característica propia de la gente carismática.

-    Se consciente de tus emociones y trata a los demás como quieras que te traten a ti. Es muy difícil restablecer tu imagen personal si pierdes el control en una situación complicada.

-    Las personas carismáticas procuran hacer que todos se sientan incluidos, bienvenidos y cómodos. No opaques la atención ni las conversaciones. Invita a que los demás también se sientan parte de lo que estés haciendo. ¡Comparte el reflector! Y si no hay uno, entonces haz que todos se sientan cómodos. No es tu responsabilidad estar al tanto de todos, pero puedes estar pendiente de la dinámica del grupo o de la charla y fijarte si hay alguien dejado de lado.

El poder de la presencia

¿Alguna vez te ha pasado que estás en un lugar, pero realmente no estás allí? ¿Tu mente está volando por todos lados en vez de estar enfocada en la conversación? ¿Prestas más atención a las notificaciones de las redes sociales que a las preguntas que te hacen?

O pensemos en el caso opuesto, ¿has experimentado esto de parte de otra persona? Puede llegar a ser muy incómodo y desconcertante hablar con una persona que no te sigue el hilo de lo que dices. Pues bien, las personas carismáticas no tienen este problema.

El carisma se identifica con el poder de la presencia.

¿Qué es esto? Cuando una persona tiene los pies puestos sobre la tierra, podemos decir que está presente. La presencia significa tener la mente en donde se supone que debe de estar. Por ejemplo, si estás en una clase, pero no estás prestando atención, no podríamos decir que estás presente en ella. No basta estar cumpliendo con el acto de presencia corporal, sino que también debe ser mental. Las personas carismáticas procuran siempre estar presente. No están revisando su celular, ni ven constantemente la puerta por la cual podrían irse, ni tampoco están volteando a ver a otros lugares que no sea el objeto o persona que merece su atención.

¿Cuál es el poder de la presencia, en relación con el carisma?

Estar presente transmite un mensaje de atención y respeto. A las personas les gusta que las escuchen, y no hay nada mejor para ello que estar presentes con ellas. Si estuvieras en medio de un diálogo y desviaras tu mirada o te pararas a cada rato de tu silla, te aseguro que tu interlocutor se sentiría ignorado o menospreciado.

Esto es lo que queremos evitar. Asegúrate de siempre tener los pies y cabeza en la tierra. Aterriza tu atención cuando sientas que se va volando por la ventana. Estar presente te permitirá afianzar vínculos más fuertes e íntimos con ciertas personas.

Sé auténtico, sé tú mismo

Las personas carismáticas tienen un aura dorada que las rodea. Nadie puede verla, pero todos podemos sentirla. Esta aura se alimenta, en gran parte, por lo genuino de las personalidades de estas personas. Este es un rasgo especial del carisma: quienes son carismáticos, son genuinos en todo lo que hacen. No mienten para agradar a alguien, no fingen que son algo que no son, no se preocupan en agradar.

Claro, ha habido muchas personas que han sido carismáticas y no genuinas, pues han usado ese carisma para engañar y manipulas a otros. Sin embargo, espero que ese no sea nuestro caso.

Para demostrar tu personalidad auténticamente, tienes que, primero, soltarte un poco de los prejuicios y las inseguridades. No temas de ser todo lo que eres, pues vas a estar bien. No pasa nada si al principio te sientes nervioso de mostrarte sin velos o máscaras, esto es normal. La idea de este rasgo del carisma es que las personas pueden percibir esta autenticidad a metros de distancia. Esta energía dorada atrae muchas cosas buenas.

Por ejemplo, las personas podrían sentirse más en confianza contigo debido a tu capacidad de ser quien eres y de expresar lo que piensas.

Una vez que te hayas desprendido de tus miedos de ser auténtico, lleva esto hacia las demás personas. Cuando digo que hay que ser auténtico, no me refiero a sólo ser auténtico para ti mismo. Es importante saber valorar lo que hacen las demás personas.

¿Cómo lo hacemos? Mostrando un verdadero interés por lo que hacen. No se trata de que estés detrás de todo el mundo; no tienes que interesarte por cosas que no te parezcan relevantes. Lo que tienes que hacer es que, cuando de verdad te interese algo, entonces haz todo lo posible por mostrar esa autenticidad en la expresión. Haz preguntas, escucha, y haz comentarios. A las personas les gusta ver este interés tan genuino y sincero, así que, ¡disfruta!

Si no te sientes muy atraído hacia ciertas personas, objetos o eventos, entonces siempre recurre al camino del declinar con mucho respeto y consideración.

Un truco que me ha servido para ser auténtico, tanto conmigo mismo como con los demás, es recordar lo diferente que son nuestras vidas. Nunca olvido que cada quien a recorrido su propio camino y cada uno ha tenido sus oportunidades de fracasar o lograr. Si tienes esto en mente, sabrás que cada persona merece su oportunidad para hacerse notar o para mostrar de lo que está hecha. Esto es algo que merece interés genuino, auténtico y sincero. ¡Abre los ojos y pon atención!

Podrías llevarte una buena sorpresa.

Aprende a escuchar a los demás

Este atributo del carisma es muy similar al de la presencia. Así como es importante estar presente, atento y concentrado en tus acompañantes, también es relevante que los escuches.

Imagínate que estás en un diálogo con alguien. Esa persona te hace una pregunta, pero tú no puedes responderla porque no estabas prestando atención. Esto no es agradable, pues te da la reputación de ser una persona que no escucha ni tiene consideración por los demás. Si estás es una conversación y sientes que tu atención se desvía, puedes tener un movimiento de seguridad o de recordatorio que te haga estar presente de nuevo. Podrías chasquear los dedos o moverte en tu asiento para renovar la atención.

Procura hacer sentir especial a la gente: la importancia del nombre y de reconocer los méritos ajenos

Las personas carismáticas hacen a los demás sentir bien. Esto pueden lograrlo de diversas maneras, como brindar su oído y atención, pero una forma de hacer sentir especiales a los demás es reconociéndoles. ¿Qué significa este reconocimiento?

Hay dos maneras de hacerlo: primero, reconocer la individualidad de una persona; segundo, reconocer los méritos ajenos.

Llamar a una persona por su nombre tiene un efecto muy poderoso en las relaciones interpersonales. Recordar el nombre de alguien es una acción muy poderosa en el ámbito social porque significa que te has tomado el tiempo de pensar en la individualidad de cada persona. Imagina que conoces a alguien y le dices tu nombre una sola vez. Después te encuentras a esa misma persona una semana después y te dice "¡Hey! ¿Cómo estás, X?".

Oír nuestros nombres nos da una sensación de bienestar y seguridad. Además, nos significa que la persona que nos ha llamado tiene el cuidado y respeto de reconocernos por quienes somos. Nos hace sentir especiales ver que alguien más nos considera importantes, pues lo somos.

Por otro lado, las personas carismáticas son muy buenas haciendo destacar a los demás. No tratan ellas de ser el centro de atención, ni tampoco quieren que sus méritos sean reconocidos por todos. Ellas prefieren que las demás personas brillen, y hacen todo lo posible porque eso suceda. Por eso los buenos líderes suelen ser personas carismáticas. Un buen trabajo en equipo es aquel en el que todos nos sentimos importantes, útiles y necesarios. Nuestras aportaciones son reconocidas y valoradas. Sería el caso opuesto si una sola persona quisiera llevarse todo el crédito.

Si quieres ser carismático, recuerda estos dos reconocimientos: apréndete el nombre de las personas y reconoce los méritos ajenos. Recuerda que no se trata de forzar esta actitud ni ser falso.

El interés genuino por los demás debe ser sincero y honesto. Cada persona es única a su manera, y merecen ser valoradas por ello.

Confía en ti mismo

La confianza y el carisma van de la mano. Nunca verás a una persona carismática temblando de nervios o sudando por la inseguridad. Sí se pueden poner en esas situaciones, pues son seres humanos y tienen sentimientos. Sin embargo, hacen algo para controlarlos y no permiten que decidan el curso de su vida.

Si tu caso es aquel en el que tus debilidades te controlan, entonces podrías decir que no tienes mucha confianza en ti mismo.

Confiar en uno mismo es clave para el carisma por la siguiente razón. Si las personas te ven caminando erguido, con un buen apretón de manos y te oyen con una voz firme y diligente, entonces te tratarán de tal manera. Tú proyectas cómo quieres ser tratado, así que asegúrate de verte confiable y presentable.

Las personas carismáticas están seguras de lo que hacen y no lo consultan con nadie. No necesitan la aprobación de otros para ir detrás de lo que quieren hacer. Esto es una prueba de la confianza que tienen en ellas mismas.

Potencial comunicativo

Saber decir lo que pensamos de una manera asertiva, directa y cautivadora es clave si queremos ser carismáticos. Las personas con altos niveles de carisma no titubean di dudan antes de hablar. Tratan de comunicar sus ideas directamente, con fuerza y seguridad.

¿Cómo puedes lograr esto? Es normal esperar un poco antes de hablar. Incluso es cortés hacerlo. Sin embargo, si ya sabes con seguridad qué es lo que vas a decir, vale la pena que lo hagas con firmeza y entereza. No tengas pena ni pienses demasiado en qué pensarán los demás. Claro, no hagas esto si tu objetivo es ofender a alguien.

Si vas a exponer tus ideas, aportar una opinión o hacer una pregunta, procura hacerlo con la frente en alto.

Aclara el mensaje en tu cabeza y no caigas en ambigüedades.

Mantén la mente abierta para ayudar a otras personas

Las personas carismáticas siempre tienen los ojos abiertos hacia las necesidades de los demás. Si ven a un amigo o amiga pasándola mal, se preguntarán cómo pueden ayudarle. Ya sea algunas palabras de apoyo, un abrazo o ayuda de cualquier otro tipo, procuran estar presentes en donde se les necesite.

El carisma se identifica en las personas que son enérgicas y participativas. Por eso no es raro ver que ellas estén presentes para sus amigos, para extraños o incluso para causas sociales. Independientemente del entorno, ellas hacen que sus acciones se dirijan empáticamente hacia los otros.

¿Cómo puedes saber lo que otros necesitan? Puedes lograrlo leyendo el lenguaje corporal o escuchando con atención.

Tendrás que poner en práctica los conocimientos adquiridos hasta ahora en lo que se refiere a las habilidades sociales. Pero no te preocupes, la buena noticia es que esto no es muy difícil. Sólo tienes que sacar tu lado solidario y ser comprensivo. Puedes brindar algunas palabras de apoyo o consejos útiles cuando alguien más lo considere adecuado y necesario.

Para cerrar esta exposición sobre el carisma, diremos algunas palabras finales.

Recuerda que el carisma no es una cualidad natural, lo cual significa que puede ser aprendida. Para desbordar carisma no necesitas romperte la cabeza pensando en cada interacción social. Sólo tienes que relajarte y poner en práctica poco a poco algunos de los consejos que revisamos en este capítulo. La clave para ser carismático es cómo haces sentir a los demás. ¡Ten eso en mente! Sé bueno escuchando, preséntate, y piensa en cómo ayudar a los demás. La energía de las personas carismáticas es automáticamente positiva debido a que irradian empatía, solidaridad, interés y confianza.

Puede que ahora no te sientas así, pero puedes empezar a trabajar en aquellos rasgos de ti que quieres cambiar para acercarte a tu meta de ser un individuo cautivador.

Capítulo 6: Asertividad o saber que no ¿Cómo equilibrar los deseos propios con los deseos ajenos?

La asertividad es una cualidad que no todas las personas tienen. Sin embargo, se considera una habilidad social importante porque gracias ella las personas pueden tener una comunicación armoniosa y respetuosa. ¿Crees ser asertivo? ¿Conoces a una persona así? Pero, antes que nada, ¿sabes qué es la asertividad?

Las personas asertivas son aquellas que saben decir lo que piensan sin ofender a nadie. Son claras, directas y concisas. Son personas que se comunican efectivamente sin necesidad de gritar, ser agresivas, interrumpir a otros o menospreciar las opiniones ajenas. La asertividad, entonces, es la cualidad de saber hablar de manera tolerante y respetuosa.

Una persona que sea asertiva siempre buscará que todas las opiniones sean valoradas por igual. No intentará imponerte su punto de vista ni te criticará por tus creencias. No dudará ni titubeará antes de hablar ni dará rodeos para expresar lo que verdaderamente siente.

Esta es una cualidad muy rara de ver en las personas, por lo que también es valorada en quienes la tienen. ¿Por qué pasa esto? Muchos de nosotros estamos acostumbrados a un entorno en el que las personas que dicen lo que piensan son mal vistas. Si alzamos la voz para preguntar o decir lo que sentimos, corremos el riesgo de ser señalados. Por eso, a veces dudamos y tenemos miedo de que se nos critique por decir lo que queremos y sabemos. Creemos que decir "quiero esto" o "no quiero esto" pueda ser tomado por agresividad o petulancia. Sin embargo, la realidad es diferente. No tiene nada de malo decir lo que se piensa, decir que no o decir que sí

Dificultades para desarrollar la asertividad

Un obstáculo para desarrollar la capacidad de ser asertivo es, claro, nosotros mismos. La autoestima y confianza en nosotros juega un papel clave en la obtención de la asertividad. Por ejemplo, hay personas que son muy inseguras y pasivas en su vida.

No alzan la voz para hacer presentes sus sentimientos y dejan que la vida les pase de largo. Esto, en la mayoría de los casos, sucede porque tienen miedo de dejar mal a los demás o de ser percibidas como engreídas. Y no sólo esto. Las personas son pasivas, también, porque quieren ser aceptadas por los demás. Como queremos ser aceptados y pertenecer a un grupo, tenemos miedo de discrepar de los miembros de dicho grupo, por lo que reducimos en lo posible las oportunidades para crear un debate o discusión. Quienes aceptan pasivamente todo lo que les dicen y tienen miedo de alzar la voz son personas que consideran que los pensamientos y sentimientos de los demás son más importantes que los suyos. Rara vez se ponen a ellas mismas como la prioridad y desprecian lo que desean.

El riesgo de adoptar este tipo de actitudes calladas y complacientes es que podemos terminar haciendo cosas con las que no estamos de acuerdo.

Además de dejar que otras personas tomen decisiones por nosotros, si somos pasivos e inseguros, corremos el riesgo de no aprender a tomar responsabilidad por nuestros actos. Si no podemos decidir, alzar la voz o reclamar lo que queremos, mucho menos podremos ser responsables de lo que hacemos, ni de nuestras fallas ni de nuestros éxitos. Esta incapacidad para tomar las riendas de nuestra vida podría devenir en una actitud resentida, por ejemplo. Imagínate que tú quieres un puesto de trabajo, pero te da demasiado miedo pedirlo. Debido a que no alzaste la voz, alguien más dijo por ti que no eras capaz para el puesto, y terminaste fuera de la competencia por la oportunidad laboral. Esta no es una situación agradable, y podría dejarte un muy mal sabor de boca. Pero esto sucede cuando no tenemos buenas habilidades de comunicación asertiva.

Y si ya nos quedamos con un mal sabor de boca porque otras personas toman decisiones por nosotros, corremos el riesgo de replicar esa mala actitud hacia otras personas. Es como si nos amargáramos porque no podemos estar en control sobre cosas que se suponen que son de nuestra incumbencia. Esta actitud de frustración y desagrado podría ser percibida por los demás, lo cual nos dejaría un poco mal parados frente a otros.

Otro obstáculo para desarrollar la asertividad son las actitudes agresivas. Digamos que empiezas siendo una persona con baja autoestima, poca seguridad y poca confianza. Eres pasivo y dejas que las personas tomen decisiones por ti. No sabes decir lo que piensas, no sabes reclamar lo que quieres, ni puedes decir cómo te sientes con respecto a un tema. Una vez dentro de esa espiral, podríamos caer en estas actitudes agresivas que comento.

Hay muchos tipos de actitudes o conductas agresivas. Caemos en ellas por dos razones.: primero, como una manera de desahogar la frustración que sentimos para comunicar lo que sentimos; segundo, porque simplemente no sabemos cómo hablar con la gente.

Por ejemplo, una persona que no es asertiva, pero sí agresiva, podría terminar gritándole a alguien más en vez de pedirle algo con amabilidad. Tomemos un caso para ilustrar esto.

Cuando yo era más joven, recuerdo que era muy inseguro y no sabia hablar con los demás. Esto me frustraba y estresaba. Yo tenía muchas ideas y cosas que quería compartir con mi grupo de amigos y mi grupo del trabajo, pero no tenia la capacidad de hacerlo. Debido a ello, terminé estando enojado con el mundo y culpando a los demás porque sentía que no me entendían. No me daba cuenta de que yo no era asertivo y no sabía cómo expresarme. Pues resulta que un día tuve que pedirle a un amigo de la oficina que hiciera un reporte por mí, pues yo no podía hacerlo en ese momento. Como no sabía cómo encargarle un trabajo que era mi responsabilidad, terminé cayendo a la defensiva y fui grosero con él. Le di órdenes en vez de preguntarle si podía ayudarme, no tomé en cuenta sus sentimientos y terminé imponiéndome.

Esto no es nada asertivo. Si yo hubiera tenido esta cualidad, primero habría identificado lo que quería decir, y todo hubiera procedido con más calma y respeto.

Ahora, enlistaremos otras razones por las cuales las personas no suelen ser asertivas:

- **Jerarquía social**. Nuestra sociedad puede llegar a estar muy definida en cuanto a los roles que cada persona debe cumplir. Por ejemplo, es común esperar que los hombres sean asertivos, pues eso reafirma su masculinidad. En cambio, podemos ver mal a las mujeres que sean así porque nuestras expectativas de ellas es que sean más complacientes. Sucede lo mismo con las jerarquías laborales, por ejemplo. Es normal también esperar de una persona con autoridad cierto grado de asertividad, mientras que no lo hacemos de quienes tienen puestos menores.

- **El peso del pasado y la experiencia**. Esto se relaciona con las respuestas condicionadas que tenemos hacia ciertos sucesos. Por ejemplo, hay personas que imitan los comportamientos que han visto a lo largo de sus vidas. También hay gente que tiene ciertas respuestas pre-elaboradas inconscientemente para ciertas situaciones. Por eso hay gente que tiene un menor grado de asertividad y uno mayor de agresividad o pasividad.

- **Incapacidad para disminuir los niveles de estrés**. Cuando no puedes controlar el estrés, tienes el riesgo de descargar esas emociones sobre alguien más. Las personas que se estresan mucho tienen el sentimiento de que no controlan su alrededor. Este sentir deviene en frustración, agresividad y ansiedad.

- **¿Es parte de su personalidad?** Hay personas que simplemente son agresivas, pasivas o asertivas. ¿No? No. Esto es una creencia equivocada. Es cierto que estamos, hasta cierto grado, determinados por nuestros genes y nuestro ambiente. Sin embargo, el peso del entorno que nos rodea y nuestra capacidad de decisión es mayor a cualquier tipo de restricción. La base de este libro es que cualquier persona puede cambiar su forma de ser si así lo desea, y lo mismo aplica para la asertividad. Si una persona es agresiva, pasiva o asertiva, podemos asumir que es porque ha hecho algo para estar allí.

¿Por qué ser asertivo?

La asertividad es una buena cualidad para tener en nuestro as bajo la manda de habilidades sociales. ¿Por qué? Porque gracias a ella podemos comunicarnos de manera efectiva, respetuosa y sensible con los demás. No se trata de que controlemos lo que los demás dicen, pero sí de cómo reaccionamos hacia nuestro entorno y hacia nosotros mismos. Ser asertivo implica tener un contacto con nuestro yo interior, con nuestros deseos, fortalezas, capacidades y debilidades.

Además, implica tener una conciencia por la situación de cada individuo con el que entramos en contacto.

Si no somos asertivos, podemos caer en los dos extremos que se describieron anteriormente. Podemos ser, por un lado, demasiado pasivos ante la vida.

Dejaríamos que las decisiones se tomaran por nosotros y no sabríamos cómo pedir lo que queremos. O, mejor dicho, sí sabríamos cómo pedir lo que queremos, pero no tendríamos las agallas para hacerlo. Por otro lado, si fuéramos agresivos, correríamos el riesgo de dañar nuestras relaciones interpersonales con quienes nos rodean. De una forma u otra, la asertividad se trata de comunicación. Cuando la comunicación está viciada, interrumpida, o es ineficaz, los problemas empiezas.

Piensa, por ejemplo, en estos dos casos. Piensa, primero, en una persona asertiva, y luego piensa en otra no asertiva. ¿Cómo te hizo sentir la persona asertiva? ¿Cómo te trató? ¿Te dijo lo que sentía? ¿Lo hizo con claridad? ¿Pudiste identificar sus deseos?

¿Te sentiste escuchado? Ahora piensa en la persona no asertiva o agresiva, ¿Cómo se dirigió hacia ti? ¿Te habló con respeto? ¿Tomó en cuenta tus sentimientos? ¿Sentiste que hubo igualdad en ambas partes en cuanto a la comunicación?

Cuando nosotros no sabemos quiénes somos, cómo está nuestra autoestima, nuestra confianza o seguridad; cuando no identificamos nuestros sentimientos y tenemos miedo de pedir algo que deseamos, entonces corremos el riesgo de no expresarnos con asertividad. Al fin y al cabo, lo que marca la diferencia entre ser asertivo o no es qué tanto estemos conectados con quienes somos.

No todo es malas noticias. Lo cierto es que nuestras respuestas, sean asertivas o agresivas, dependen mucho de la situación o contexto en el que estemos. Además, el acto comunicativo se lleva siempre a cabo entre dos personas. No puedes hablar con la pared, pues ella no te contestará. Por eso, para poder expresar tus actitudes, necesitas a alguien que esté allí para escucharte y responderte.

A lo que quiero llegar, es que qué tan asertivo seas o no tiene que ver con las personas con las que interactúas.

Por ejemplo, tal vez es muy fácil para ti expresarte con una persona que tenga un puesto de menor jerarquía que tú; puede que te sientas más cómodo rodeándote de familiares, por lo que con ellos sí tienes la seguridad de demostrar tus sentimientos. En cambio, qué diferente es que tengas que hablar con una figura de autoridad, con un interés amoroso, con una persona con la que has tenido conflictos o con un desconocido. Independientemente de con quién te encuentres, la asertividad se trabaja por igual.

Algunos beneficios de ser una persona asertiva:

- **Tendrás mayor confianza para tomar tus decisiones**. Las personas asertivas tienden a identificar con mayor agilidad lo que quieren y lo que no quieren.

- **Tus relaciones interpersonales mejorarán.** La asertividad no sólo se trata de expresarte con claridad, sino también de tomar en cuenta los sentimientos de los demás. Quien es asertivo sabe que cada persona tiene un mundo dentro de su cabeza, por lo que sabe que es importante respetar la oportunidad que cada uno tiene para expresarse. Esto resultará en una mejora en tus relaciones interpersonales, pues a todos nos fusta sentirnos valorados y escuchados.

- **Respeto y liderazgo.** Las personas asertivas son consideradas líderes, o tienen gran potencial para liderar. Además, son respetadas por quienes las conocen. Ser asertivo es una cualidad muy rara, pero muy apreciada. Recuerda que los buenos líderes son personas que guían y orientan, no son personas que ordenan o mandonean. La asertividad siempre va de la mano con responsabilidad y respeto por la autonomía de los otros.

- **Mayor agilidad y destreza para la resolución de problemas**. Cuando eres asertivo, estás en contacto con tus emociones y deseos. También tienes respeto por los demás, como ya hemos visto. Las personas asertivas tienen mayor confianza para resolver problemas debido a su poder y decisión para alzar la voz. Además de ello, son buenas negociando, resolviendo conflictos y tomando la batuta en momentos difíciles. En general, aprender a ser asertivo te puede beneficiar en el sentido de enseñarte a ser una persona que sepa reconocer las causas, efectos y resoluciones de los problemas.

- **Reducir los niveles de estrés**. Mucho del estrés que las personas sufren hoy en día es causado por la inhabilidad que ellas tienen para tomar decisiones de manera oportuna. Además, el estrés se puede ver empeorado por la incapacidad de no saber comunicar los sentimientos de frustración. Tener desarrollado un buen nivel de asertividad te permitirá diferenciar los sentimientos útiles de los desechables, y tu salud emocional mejorará.

¿Cómo puedes desarrollar la asertividad?

Para ser asertivo, tienes que recordar estos derechos básicos.

- Todos tienen el derecho a pensar y expresarse libremente. Cada persona es única a su manera, por lo cual tienes que reconocer y respetar la diversidad.

- Todos tienen el derecho a decir que sí o que no según lo deseen. No culpes ni recrimines a nadie por las decisiones que han tomado.

- Todos tienen el derecho a discrepar o estar en desacuerdo. Sin la variedad, oposición o diversidad, el mundo sería monótono e impráctico. Todos podemos tener opiniones diferentes sin ser perseguidos por ello. Recuerda que esta oposición es hacia las ideas, no hacia tu persona. Lo mismo aplica para ti: si estás en desacuerdo con alguien, concéntrate en las ideas, no en la persona.

- Todos tenemos derecho a cambiar de opinión todas las veces que lo creamos justo o necesario.

Para ser asertivo, debes tener en equilibrio lo que tú deseas decir con lo que las otras personas deseen decir. Nadie debe ni puede imperar sobre el otro. Si notas que esto sucede, pon un parado a la situación.

A continuación, revisaremos algunos consejos útiles y prácticos que te ayudarán a desarrollar tu asertividad como habilidad de inteligencia social. Ten en cuenta los derechos que acabamos de mencionar, pues son los derechos de oro, los derechos inviolables si deseas ser una persona asertiva. En donde termina tu derecho, empiezan los del otro. Lo mismo con la asertividad: encuentra un equilibrio entre los deseos de las partes involucradas.

- **Buen lenguaje corporal**. Un cuerpo rígido, torpe, amenazante o agresivo no va de acuerdo con una persona asertiva. Procura mostrarte amable, abierto al diálogo y atento. Pon en práctica tus conocimientos sobre lenguaje corporal o no verbal. Evita desviar tu mirada de la conversación, no cruces los brazos o juguetees con tus manos. Este tipo de movimientos podrían mandar el mensaje equivocado. Por ejemplo, podrías decir con tu lenguaje no verbal que no estás interesado en la plática o que no valoras la opinión de otros. Si le voltearas los ojos a una persona mientras habla, o si le cruzaras los brazos y voltearas el cuerpo, ella podría entender que no te importa lo que dice o que no la valoras. Esta actitud no es asertiva.

Al mismo tiempo, cuida que tu lenguaje corporal al hablar sea fuerte y directo. La asertividad significa tener confianza y seguridad en lo que se dice.

Por tanto, tu cuerpo debe reflejar lo mismo. No te encorves, abre la boca y modula el tono de tu voz. No te precipites y hables muy rápido, ni te atrases y arrastres las palabras: encuentra un punto medio.

Te recomiendo hacer contacto visual y esbozar una sonrisa amable si la situación lo amerita.

- **Toma en cuenta las opiniones de los demás**. Esto tiene que repetirse hasta el cansancio. Una persona con buena asertividad siempre tomará en cuenta las opiniones de los demás. No solamente eso. Tienes que ver cómo las personas se sienten con lo que tú dices. Si sientes que alguien está perdiendo el hilo de la conversación, intenta hacer algo para recuperar su atención. Por ejemplo, haz una pausa y lanza una pregunta que sea interesante y cautivadora. Quizá mantén una postura firme y, amablemente, repite lo último que dijiste. Por otro lado, si tu interlocutor se ve notablemente turbado por tus palabras, haz una pausa y pregunta si se siente cómodo o cómoda con lo que se está hablando. El respeto y tolerancia es clave.

- **Nunca dejes de practicar**. La asertividad es un ejercicio diario, pues todos los días entramos en contacto con el mundo exterior. Si no eras asertivo antes, quizás te cueste un poco de trabajo serlo ahora. Trata de practicar con un amigo o amiga de confianza todos los consejos que revisamos en esta sección. Pídele que escuche tu voz, que revise tu lenguaje corporal y que te diga qué comunicas a través de ellos. Escojan un tema de práctica y conversen. Noten cómo llevan la plática y evalúen qué tan asertivos o agresivos fueron.

¿Qué estrategias puedo utilizar para comportarme asertivamente?

Ahora veremos unas cuantas técnicas típicas de las personas asertivas. Te servirán para enfrentarte a distintas situaciones, y te enseñarán a actuar de manera asertiva.

- **Técnica de la repetición.** O técnica del disco rayado. ¿Has visto en las películas esas escenas en las que un personaje repite una línea muchas veces porque se está preparando para un momento difícil? Bueno, en eso consiste la técnica de la repetición. Tendrás que elegir una frase, de preferencia una que te cause actuar de cierta manera agresiva o exaltada, y repetirla varias veces hasta que logres decirla con un tono tranquilo y ameno. Veamos un ejemplo:

Persona 1: Esta es la tercera vez esta semana que dejas los platos sucios en la tarja. ¿Por qué no los lavas?

Persona 2: Lo siento, he estado ocupado y por eso he dejado allí los platos. Cuando me desocupe, me ocupo de limpiar todo.

Persona 1: Pero es que siempre haces lo mismo. Me preocupa que sólo me estés tomando el pelo.

Persona 2: Entiendo tu preocupación. Apenas termine, lo limpiaré. Procuraré estar más pendiente la próxima vez.

Persona 1: Por favor, que no se repita esto. No me gusta tener que estar recogiendo detrás de ti. Es importante para mí tener tiempo para descansar.

Persona 2: Gracias por decirme cómo te sientes. Ya no te preocupes por esto el día de hoy, yo lo arreglaré.

- **Técnica de la evaporación.** Esta técnica se trata de que evapores o desaparezcas la vibra negativa creada por comentarios agresivos. No podemos escoger o decidir cómo las personas se comportan con nosotros, pero sí podemos asumir nuestra responsabilidad y responder de manera positiva y asertiva ante la situación. Cuando alguien se acerque a ti con una actitud negativa y agresiva, evita enfrascarte en el conflicto. Busca una respuesta relajada y, lentamente, disipa la niebla creada en ese espacio.

¿Cómo aplicar esta técnica? Simplemente no te enganches en la discusión. Si una persona se acerca enojada a ti, probablemente espera una respuesta igual de agresiva. No caigas en esto. No significa que ignores lo que se te dice, pues se te dice por algo.

Lo que quiero enfatizar es que no desgastes la energía en discutir o pelear. No es bueno para nadie, ni bueno para la relación. Busca el equilibrio de la asertividad; no seas pasivo ni agresivo. Un ejemplo:

Persona 1: No me gustó para nada la manera en que pintaste la pared del cuarto. Quedó horrible. Yo pude haberlo hecho mejor.

Tú:

Respuesta agresiva: Si no te gusta cómo lo hago, entonces hazlo tú.

Respuesta pasiva: Tienes toda la razón. No sé hacer nada bien.

Respuesta asertiva: Entiendo lo que dices. ¿Quizá pudieras darme indicaciones de cómo puedo hacerlo mejor? Me parece que no está tan mal, pero puede mejorar.

- **Técnica de la comunicación práctica y positiva.** Ninguna persona es adivina, así que tienes que saber comunicar lo que sientes y piensas. En las interacciones y relaciones sociales, es de vital importancia que haya apertura en el trato, sobre todo porque no siempre tenemos la oportunidad de abrirnos con las demás personas.

Para esta técnica debes tener un buen contacto con tu yo interior. Tienes que identificar lo que quieres para poder exteriorizarlo. Es decir, localiza tus necesidades y tenlas bien claras. De esta manera, podrás llegar a acuerdos, concesiones y tratos con las personas con las que te relaciones.

Cuando comuniques lo que quieres o necesitas, tienes que ser realista.

A veces se puede hacer algo para ayudar, y otras veces no. No siempre se obtiene lo que se quiere. Así, si eres asertivo, podrás tener mayores probabilidades de que las personas te consideren a ti y lo que necesitas.

Si eres agresivo, eres propenso a que la gente no quiera hablar contigo o prefiera no entablas ninguna conversación contigo.

Por último, ten siempre en mente que no todos van a reaccionar bien ante tu claridad para expresar lo que necesitas. Como hemos visto, hay personas que reaccionan mal a este tipo de seguridad. Esto no es tu culpa ni tu responsabilidad. Recuerda que sólo tú eres responsable de ti mismo Si a los demás no les gusta que seas asertivo, no te enfrasques en convencer a nadie de algo que no depende de ti.

- **Estrategia del buen oyente.** No me refiero a que escuches sin interrumpir, sino que escuches con perspectiva. Si alguien te critica, te da retroalimentación o dice algo sobre ti, no saltes a la primera oportunidad que tengas para responderle agresivamente. Mejor quédate callado y escucha queriendo entender a la otra persona. ¿Por qué te dice lo que dice? ¿Qué la ha hecho sentir así? ¿Por qué tiene esa idea de ti? Cuando termine de hablar, podrías hacerle ese tipo de preguntas.

- **Hablar en primera persona.** No empieces una conversación diciendo "tú" o atribuyendo la responsabilidad de algo a alguien. ¿Por qué? Primero que nada, porque nosotros somos el punto de partida de todo lo que sale de nosotros. Tú no puedes controlar lo que hacen los demás, pero sí lo que tú dices y piensas. Por tanto, si algo que alguien ha hecho te molesta, no es culpa de la otra persona, sino que eres tú quien tiene que modificar sus comportamientos. Y bien, si empiezas una oración señalando a alguien más, puedes ser tomado por agresivo, prejuicioso. Esto no se tarta de echar culpas, sino de tomar acuerdos.

Es mejor que empieces oraciones y conversaciones hablando sobre ti y en primera persona. Sólo tú te conoces y sólo tú puedes hablar de ti mismo, pues eres la persona que mejor te conoce. Hacer esto te ayudará a evitar un conflicto innecesario.

- **No tener miedo ni te sientas culpable por decir que no.** Este es un punto muy importante de la asertividad, y es mi favorito. A muchos de nosotros, si no es que a la mayoría, nos educan para ser complacientes, pasivos y nos dicen que aguantemos lo que se nos dice, sobre todo si viene de una figura de autoridad. Hay que tener siempre un poco de humildad, es cierto, pero también hay que ser inteligentes para reconocer cuándo importa más lo que sentimos. Si no estás de acuerdo con hacer algo, dilo. Defiende lo que crees. Si no quieres ir a una fiesta, no te sientas culpable. Decir que no, no es equivalente a ser agresivo o grosero. Se puede decir que no y seguir siendo amable.

La asertividad se trata de equilibrio entre ti y entre el resto del mundo. Ten en mete que nadie debe imperar sobre nadie; tu opinión es igual de importante que las opiniones de los demás. La asertividad te ayudará a mejorar tus habilidades sociales y, incluso, quizá, la relación contigo mismo. La clave de toda buena interacción es la comunicación.

CAPÍTULO 7: CÓMO SER UN EXCELENTE CONVERSADOR: PON EN PRÁCTICA LO QUE HAS APRENDIDO HASTA AHORA

Hemos llegado al capítulo final del libro. Como habrás visto en la introducción, este capítulo se divide en varias partes. La idea es abarcar diferentes escenarios en los cuales puedas necesitar consejos y guía para ser un excelente conversador. Sin más preámbulo, empecemos con el último capítulo.

Primera parte: habilidades generales para ser un buen conversador

Parte importante de las habilidades sociales son las habilidades de conversación. Dedicamos un capítulo completo al lenguaje corporal, así que ahora es momento de hacer lo mismo con el lenguaje verbal.

Las palabras hacen mucho por nosotros. Ellas le dan forma al mundo, a nuestros pensamientos, a nuestras relaciones. Si no fuera por las palabras, nuestra especie no hubiera podido llegar hasta donde está hoy. Con ellas contamos historias, escribimos relatos, investigamos, compartimos conocimientos, imaginamos y creamos. Las posibilidades son infinitas. Por esta razón, es importante que sepamos cómo comunicarnos con ellas. Las palabras nos permiten relacionarnos como grupo humano. Más en concreto, nos permiten entablar nuestras relaciones más importantes y significativas. En este capítulo aprenderemos a hablar de manera cautivadora, pertinente y necesaria; pondremos en práctica todo lo que hemos visto hasta ahora.

Traza una meta general y determina objetivos pequeños

Lo primero que tienes que hacer es plantearte una meta. Siguiendo la línea de lo que hicimos en el primer capítulo, aquí haremos lo mismo. Un paso importante para empezar a desarrollar las habilidades de conversación es el planteamiento de metas.

¿Por qué? Bueno, es importante que determines hacia dónde te diriges. Una pregunta es una búsqueda; en este caso, la búsqueda por ser un buen conversador.

Primero, traza una meta general. Esa podría ser, por ejemplo, pedirle a una persona que sea tu pareja sentimental. Parece como algo sencillo, pero seguramente no lo es. Esa es la meta general. ¿Cuáles podrían ser metas más pequeñas? Podrías hacer como esto:

"Mi meta es pedirle a X que entre en una relación sentimental conmigo. No puedo hacerlo de golpe, pues no sé cómo hacerlo ni he aclarado mis ideas. Mi primer meta pequeña será que yo escriba en una hoja los pros y contras de lo que voy a hacer. Determinar mis sentimientos es un buen paso. Después, invitaré a X a tomar algo en algún sitio diferente de los que normalmente visitamos. Por último, hablaré con ella y le diré lo que siento."

Suena como algo muy mecánico y pensado. Pero si no estás acostumbrado a conversar con cierta facilidad o a tomar ciertas decisiones complicadas, siempre es un buen paso trazar un camino claro que puedas seguir. El ejemplo es burdo, pero ilustra. Otro ejemplo podría ser:

"Mi meta mayor es una persona que no tenga que pensar sus interacciones antes de hacerlas. Quiero conversar ágilmente, saber improvisar y hablar con cualquiera.

Quiero ser asertivo, poder resolver conflictos y comunicarme con eficacia. Las personas querrán hablar conmigo porque soy muy bueno escuchando y tengo un lenguaje corporal interesante. Esa es mi meta general, pero debo trazar metas pequeñas. Primero, puedo empezar practicando mis habilidades de improvisación con mis amigos.

Después, practicaré frente al espejo mi postura, mi movimiento de manos, el tono de mi voz.

Me concentraré en presentarme siempre como una persona confiable, con alta autoestima y un excelente conocimiento de mis habilidades, todo esto de una forma asertiva." Y así, ir trazando metas más pequeñas.

Para trazar el camino que vas a seguir, es importante que te conozcas a ti mismo.

Tienes que ser honesto y transparente. ¿Qué quieres y cómo vas a llegar ahí? ¿Cuáles son tus ventajas y cuáles son tus obstáculos?

Aprende a dar el primer paso de vez en cuando

No siempre serán los demás los que se acerquen a nosotros. Y bueno, si tienes un poco de ansiedad social o simplemente te pone nervioso ser el primero en iniciar una conversación, este es el momento de salir de la caja, salir del espacio al que estás acostumbrado. O como dicen por ahí, es momento de salir de la zona de confort.

No temas proponer un plan, organizar una salida, invitar a tus amigos a una fiesta, hablarle a la persona que te gusta o a hacer unas cuantas llamadas. Lo cierto es que muchos nos ponemos nerviosos ante estos escenarios porque tememos el rechazo. Sin embargo, te aseguro que nadie está pensando en rechazarte de entrada. Y si te rechazan, será por una razón que no tiene que ver contigo. Dar el primer paso es un buen ejercicio para que practiques acostumbrarte al sentimiento de exponerte a las cosas que te dan miedo. ¿Recuerdas la técnica de la exposición prolongada? Dar el primer paso es algo así.

Ser el primero en proponer algo seguro se sentirá incómodo, difícil o raro, pero eso es momentáneo. Si las cosas no salen como planeas, por lo menos sabes que diste el primer paso. Todo esto es práctica para tus habilidades sociales, seguridad y confianza.

La sinceridad de la intención

Más adelante hablaremos de las conversaciones superficiales o *small talk* en inglés.

Por ahora, veremos cómo tener una conversación sincera y genuina. No me refiero a ese tipo de charlas que son largas y tendidas, sino a aquellas que son fugaces, pero eso no las hace menos importantes para la interacción.

La clave para una conversación sincera es saber preguntar y escuchar. Mira esta conversación:

Persona 1: ¡Hola! Veo que asististe a un evento este fin de semana. ¿De qué trató?

Persona 2: Oh, qué bueno que lo viste. ¡No me lo esperaba! Fui a una exposición científica de la tesis de mi hermano. Él es especialista en física cuántica.

Persona 1: ¡Qué impresionante! Jamás había conocido a un profesional de ese tipo. Me encantaría que me cuentes más de su trabajo.

Esta no es una charla profunda y sentimental, pero sí es genuina.

Lo que tienes que hacer para tener conversaciones significativas es, antes que anda, escuchar. ¿Qué dice la otra persona? ¿Qué podrías preguntarle? ¿Qué te interesa saber? Imagínate que cada persona es un personaje de una película famosa e interesante. Los personajes tienen siempre una historia de fondo, ¿cierto? Nadie hace ni dice nada así porque sí: siempre hay una razón detrás. Piensa en ello, y escucha a la persona. Una vez que hayas prestado atención, empiezan las preguntas.

Lo que yo resaltaría de las conversaciones sinceras es que no son de ese tipo de diálogos en el que sólo se oye por responder. No busques escuchar a las demás personas sólo para compartir tu punto de vista. Busca, en cambio, que la conversación sea un intercambio sensato, honesto y abierto de opiniones o conocimientos.

La primera impresión cuenta

No es muy agradable hablar con alguien y que esta persona tenga una mala cara. Por ello, aquí puedes empezar a poner en práctica tus conocimientos sobre lenguaje corporal.

Ya conoces la importancia de la buena postura, de la apertura de los brazos, del volumen de la voz, etcétera. Cuando te acerques a alguien, cuida estos pequeños detalles. Además del lenguaje corporal, apóyate de una buena apariencia física.

No digo que tienes que verte como un modelo ni arreglarte como si fueras a aparecer en la portada de una revista. Sin embargo, a nadie le daña tener una camisa planchada, un buen peinado o un rostro limpio.

Y no sólo los detalles físicos. También la actitud cuenta. El respeto es la clave de toda buena convivencia, así que siempre tiene que ir por delante. Si vas a asistir a una reunión donde vayan varias personas nuevas para tu círculo habitual, entonces recuerda ser abierto y respetuoso. No tengas prejuicios, no te precipites a juzgar, y tómate tu tiempo de comprender a esta persona que tienes frente a ti.

No tengas miedo de fallar

Seguramente todo lo que acabamos de explicar no te saldrá en el primer intento. No te digo esto para desmotivarte, sino para prepararte. Fallar es parte del proceso.

Yo tenía una profesora en la universidad que era muy buena para este tipo de temas. Ella me asesoró en mi tesis, y estuvo el día que me la aprobaron. Lo primero que me dijo fue "Este logro lo conseguiste gracias a todas las veces que fallaste. Si no hubieras perdido primero, nunca hubieras sabido que tenías que buscar algo." Yo nunca olvidé esa lección. Es cierto. Si no nos equivocamos, ¿cómo vamos a saber dónde hemos errado? El error es quizá incluso más relevante y necesario que lograr algo. Una vez que terminas el proceso, te limitar a dejar de aprender. En cambio, si te equivocas continuamente le abres una puerta al conocimiento para que siga entrando a tu cabeza.

Ten en mente siempre que estás intentado algo nuevo.

Es de esperar que no te salga a la primera hablar al espejo y practicar tus ademanes o trazar un plan general para tu vida. Quizá hables en público después de haber practicado mucho, y aún así te salga mal la presentación.

Nada no asegura que no nos equivocaremos, así que tenemos que acostumbrarnos al sentimiento. Es mejor aprender a disfrutar cada parte del proceso.

Recuerdo que muchos compañeros míos se burlaban de mí y de mi tesis debido a que yo tenía más errores que ellos. A mí nunca me importó, y de hecho me sentí muy bien por mí mismo. Si yo estaba en donde estaba, era porque había aprendido a aceptar mis errores. Más incluso: aprendí a quererlos. Sin ellos, mi tesis no me hubiera salido bien y hubiera presentado un mal trabajo. Cuando eres consciente de que las posibilidades de fallar estarán siempre ahí, aprendes a valorar todo el aprendizaje que puedes obtener de ellas.

Segunda parte: Cómo romper el hielo y tener conversaciones repentinas o *small talk*

Hacer un buen *small talk* es todo un arte. No cualquier persona puede sacarle plática a otra, mucho menos si no se conocen. Requiere técnica, esfuerzo y mucha observación. En esta sección aprenderás algunos tips básicos para volverte un maestro de las conversaciones superficiales o repentinas.

¿Qué significa romper el hielo? Esta expresión se utiliza para referir la acción e hacer o decir algo que rompa la tensión que hay entre dos personas. Por ejemplo, digamos que acabas de conocer a una persona en el elevador que ambas tomaron para llegar al piso de la oficina. El piso está en el nivel quince, entonces tardarán mucho en llegar allí. Algo que pudieras hacer para romper ese silencio incómodo sería decir "Buenos días/tardes/noches" o un "¿Cómo está? Buen día".

Cuando hablamos de romper el hielo y tener conversaciones repentinas, nos referimos a aquellas charlas a las que recurrimos para sacarle plática a otra persona. Esto viene muy fácil para algunas personas, pero no para todas. Recuerdo que tenía una compañera de la escuela que era experta en la interacción social, y congeniaba con todos los nuevos alumno y alumnas del salón. Antes yo no sabía qué era, pero hoy puedo decir que eso se lo debe a su excelente capacidad para conversar de lo que sea con quien sea. Esto es lo que queremos lograr. A veces debemos hablar con personas que no conocemos. Puede ser que lo hagamos en una conferencia de negocios, en una reunión social o en una reunión familiar.

Nadie tiene un libreto a la mano que nos diga qué decir o hacer, entonces sólo nos valemos de nuestra habilidad social para salir bien parados de esa situación.

Romper el hielo no sólo es importante para las personas que quieran llenar espacios incómodos.

También funciona para acercarnos a personas con las que, de otra manera, no tendríamos qué decirles. Imagina que te gusta un chico, pero no sabes cómo hablarle ni cómo avanzar la amistad. Como no coinciden en ningún espacio, tienes que buscar una excusa para hablarle Aquí es donde entra en juego tus capacidades para tener conversaciones repentinas y espontáneas. Es una prueba divertida, ¡inténtalo

Sin más preámbulo, los consejos:

- **Haz preguntas interesantes e innovadoras sobre cualquier tema**. A mí me gusta preguntar sobre el trabajo, el clima o incluso sobre comida o los espacios. Sé que parece muy predecible, pero hay truco para esto. Juega con las posibilidades y evita hacer preguntas predecibles e irrelevantes. Intenta algo como esto:

- ¿Qué es lo mejor y peor de tu trabajo?

- ¿Qué pregunta desearías que las personas te hicieran sobre tu trabajo?

- ¿Por qué no fuiste astronauta?

¡Vaya! Parece broma la última, pero es enserio. No tienes que sentarte largo y tendido a pensar en qué preguntar. Todos tenemos mucha creatividad para este tipo de ocurrencias, pero normalmente no hacemos este tipo de preguntas diferentes porque tememos la respuesta. Arriésgate un poco y juega con las posibilidades.

- **Sí puedes ir un poco más allá.** El *small talk* no está restringido a ser eso para siempre. Que tengas una conversación repentina no implica que te quedes en preguntas superficiales y espontáneas. Si quieres conectar con alguien o sólo quieres conocerle un poco más, puedes ir un paso más lejos con este juego de romper el hielo.

Para profundar más en las conversaciones repentinas, usa la técnica del "Sí, pero ¿por qué?". No tienes que usar la frase como tal. La estrategia consiste en que hagas preguntas que respondan a la pregunta "¿Por qué?" y no a "¿Qué?". Este tipo de preguntas te dan la oportunidad de conocer un poco más a tu interlocutor. ¿Por qué?

Este tipo de interrogaciones implican la explicación de razones, motivos o causas.

Esto significa que la persona debe hacer un esfuerzo mayor para responderte. Esto te dará la oportunidad para profundizar y conocer de manera más íntima a alguien más.

De hecho, podrías combinar esta técnica del por qué con el primer consejo de esta sección. Haz preguntas que se salgan de lo común, y haz preguntas que procuren revisar los razones, motivos o causas de algo.

- **¿Cómo terminar una conversación casual?** Esto es muy sencillo, en realidad. A veces, las conversaciones casuales corres el riesgo de alargarse hasta un punto en el que se vuelvan un sinsentido forzado e incómodo. Tienes varias opciones, por lo tanto, para terminarlas sin parecer grosero o rudo.

- *Lo primero que puedes hacer es apoyarte en el entorno.* Fíjate en lo que te rodea. ¿Qué puedes sacar de allí para ayudarte? Si estás en un museo, por ejemplo, podrías poner de excusa que quieres ir a ver un cuadro que está en X pared o cuarto del edificio. Sonríe amablemente y retírate. Esta es una buena estrategia.

- *Utiliza tu cuerpo.* Aquí entra en juego el lenguaje corporal. Si deseas retirarte, puedes emitir señales con tu cuerpo. Por ejemplo, podrías voltear un poco la cabeza hacia la puerta, tus manos, un libro u otra cosa que desvíe tus ojos de los de la otra persona. Apóyate también un poco en los pies y apúntalos en dirección contraria del cuerpo de tu interlocutor. Todos estos movimientos, si la otra persona es aguda en la observación, indicarán que ya no quieres o puedes estar en la conversación.

Si la persona no nota lo que estás haciendo y sigue hablando contigo, puedes utilizar un objeto que te apoye a enfatizar el mensaje no verbal que estás mandando. Por ejemplo, podrías levantar una mochila del suelo, desconectar un cargador o voltear un momento para recoger algo de una mesa.

Esto mandará la señal de que tu atención está desviándose por momentos a otros lados, lo que significa que ya no estás presente al cien por ciento en la conversación. No es grosero hacer esto. Al contrario, es entendible y efectivo.

- *Fíjate en lo que la otra persona estaba haciendo antes de llegar contigo.* No siempre somos las personas más oportunas cuando se trata de interceptar a alguien más para un conversación casual. En ocasiones, llegamos en medio de otra plática o en medio de una actividad. Interrumpimos a la otra persona y hacemos que detenga en lo que estaba. Ahora, sin embargo, es nuestro momento de aprovecharnos de eso. Si ya quieres irte de la conversación o terminarla, entonces sólo necesitas decir algo como "Bueno, te dejo en lo que estabas haciendo", o "Ya no te interrumpo más", "Ya te dejo seguir tu camino", "Lamento haberte molestado". Las opciones son infinitas. La idea es que uses la interrupción a tu favor.

- *Reconoce que el tema ya se agotó.* Esta es otra estratega muy buena y eficiente si eres alguien a quien le gusta aprovechar su tiempo. Cuando sientas que la conversación ya no da para más, auxíliate en frases como "Bueno, creo que ya no hay nada más que deba hablar contigo" o "Me parece que el asunto aquí ya está resuelto". Ambas indican sutilmente que ya es momento de dar por terminada la conversación.

- **¿Y qué hay con las despedidas grupales?** Cuando se trata de despedirnos de un grupo, no siempre podremos aplicar la técnica de hacer preguntas o declaraciones individuales. Además, es incómodo y tardado despedirse de todos los miembros de un grupo, uno por uno. ¿Qué podemos hacer o cuál es nuestra alternativa? Puedes optar por una despedida de esas que se hacen lejos. Voltea a ver al grupo desde el sitio de tu despedida, y di adiós. Acompaña esta acción con una sonrisa amable y el cuerpo volteado hacia el grupo.

Lo que me gusta destacar de esta sección de las conversaciones repentinas o *small talk* es que son un excelente ejercicio en dos sentidos.

Primero, nos obligan a salirnos de nuestra zona de seguridad. ¿Recuerdas que hablamos de ser el primero en acercarse? Las conversaciones casuales nos permiten correr ese riesgo sin necesidad de salir muy dañados si no sale bien. Segundo, las conversaciones casuales nos permiten trabajar en la exposición prolongada para nuestra ansiedad social. Si tomar en tus manos el hablarle a otra persona aun cuando estés nervioso, estás practicando de una manera sana y sencilla técnicas diferentes para reducir el estrés y ansia que te causa tu ansiedad social.

Recuerda que las conversaciones casuales puedes tenerlas en diferentes momentos de du día y de tu vida. Ellas no sólo nos ayudan a llenar un espacio de silencio o a romper un silencio incómodo. Una conversación repentina puede servirnos como puerta de entrada para conocer a alguien que nos llama la atención o nos interesa, ya sea en un sentido personal, amoroso, laboral o profesional, etcétera. Para conversar casualmente con éxito, siempre relájate primero. No te pongas más presión de la que ya tienes encima de ti.

Mantén una actitud positiva y piensa que estás haciendo esto para acercarte cada día más a tus objetivos de mejorar en tus habilidades sociales.

Tercera parte: El arte de negociar

Negociar significa que dos partes opuestas tienen intereses opuestos, por lo cual deben llegar a un acuerdo o punto medio. En las habilidades de conversación contamos las habilidades para negociar porque, para realizarlas con éxito y destreza, se requiere de in trabajo con cuidado e inteligencia.

Para negociar, tendrás que usar tu lenguaje corporal y tu capacidad de ser asertivo. Tendrás que leer las actitudes de otros, aprender a trazar metas, planes de acción y procesos. Deberás hacerte preguntas y cuestionar en dónde estás parado con respecto a algo y alguien. En resumen, deberás explotar al máximo tus habilidades sociales. No digo esto en un sentido de alarma o gravedad. Al contrario.

Negociar es una oportunidad excelente para revisar el progreso que hemos tenido desde que empezamos el camino a convertirnos en un ninja social.

Si las cosas salen mal y no logras pararte firme y recto sobre tus dos piernas antes de entrar a una negociación, no te preocupes. Recuerda por qué estás haciendo esto y toma un respiro. Enfrentarse con un opuesto puede ser una situación desgastante, entonces no te presiones más de lo que debes.

Fase preparatoria

Bien, pues estás en una negociación. Has tomado decisiones que te han llevado a este momento, y ahora tienes que enfrentarte con otra persona. ¿Qué es lo que tienes que hacer? Bueno, antes que nada, tienes que prepararte. Antes de una negociación, tienes que trazar objetivos y saber dónde estás parado. En otras palabras, no puedes ir a buscar acuerdos o consenso sobre algo que ni siquiera sabes que quieres. Lo que yo recomiendo para esta fase es que hagas una lista en la cual respondas las siguientes preguntas:

- **¿Qué hago aquí?** Debes tener claro cómo llegaste a estar en esa posición. ¿Por qué ahora y por qué en este momento?

- **¿Qué quiero obtener? ¿Cuál es mi objetivo?** La parte más importante de una negociación. Si no hay un objetivo definido, más difícil será para ti dirigir tus esfuerzos, lo cual devendrá en una inevitable derrota. ¿Qué quieres? Trabaja en función de eso.

- **¿Cómo voy a obtenerlo?** Esto pertenece a la fase intermedia. Básicamente, es el plan que seguirás paso por paso para obtener tu meta.

- **¿Cuáles son mis atributos positivos y negativos? ¿Qué tengo a mi lado?** Haz una lista de tus debilidades y fortaleza. Puede que una fortaleza tuya sea que sepas argumentar, pero que tu debilidad sea que te vuelves agresivo y pierdes la oportunidad de ser asertivo. Todo esto debes tenerlo claro para que no te tome nada por sorpresa al momento de negociar. Conocerte a ti mismo es conocer tus probabilidades.

- **¿Quién es mi oponente?** Y, por último, investiga un poco a la persona con la que vas a negociar. ¿Quién es? ¿Qué busca? ¿Quién está en su equipo? ¿Cuál es su contexto? No es garantía, pero hacer esto te da una mayor probabilidad de salir victorioso en la negociación.

Negociar no es una competencia ni un desacuerdo feroz entre dos partes, a menos que sí lo sea. Sin embargo, en la mayoría de los casos, negociar significa ponerse de acuerdo dos partes que antes estaban en desacuerdo. Negociar es hacer concesiones y llegar a acuerdos. En la fase preparatoria estás trazando todos los argumentos necesarios para llevar a cabo una negociación saludable y pertinente. Y no sólo eso: también estás dibujando lo que tienes al lado tuyo como ventaja para inclinar la balanza hacia tu lado.

Fase intermedia

Esta fase se trata de armar un plan para ganar la negociación y llevar esta última a cabo. Tenemos dos técnicas que pueden servirte para prepararte.

- **Define en qué vas a ceder y en qué no.** También conocidos como puntos negociables o no negociables. Ya que te has preparado para negociar, es momento de entrar a la acción. Si ya expusiste tus puntos y argumentos, y la otra persona igual lo hizo, es momento de, entonces, ver en qué pueden ponerse de acuerdo y en qué no. Cuando las dos partes están dispuestas a ceder alguno de sus deseos, entonces vemos de frente un aspecto negociable del traro. Si nadie quiere o puede ceder aquello que busca, entonces veremos un aspecto no negociable.

Esto es de esperarse en una negociación. Lo que pueden hacer es lo siguiente. Una negociación no es una competencia. No ganará quien logre inclinar el trato hacia su lado, al menos no justamente. Esto es cómodo para el mundo de los negocios o en la política, pero no en el mundo cotidiano. Lo mejor, siempre, será llegar a un punto de acuerdo en el que todas las partes sientan sus deseos respetados.

Si llegas a un punto de no retorno en las diferencias de intereses, siempre tienes la oportunidad de preguntarle a tu oponente "¿En qué podemos estar de acuerdo? Yo creo que hacer esto nos beneficiaría a ambos."

-   **La negociación *per se*.** O negociación en sí misma. Este el momento culminante de toda la preparación que has realizado para obtener tus objetivos. Pues bien, no es tan complicado lo que harás ahora. Sólo tienes que exponer tus puntos y tener una conversación con la otra persona. Lo complicado será que deberás estar pendiente en todo momento de algunos aspectos: lo que la otra persona dice, el cómo lo dice, su lenguaje corporal, el tono de su voz, sus estrategias y sus debilidades.

Por eso dicen que negociar es un arte, porque no es sencillo. Una vez que has dicho la razón por la que estás ahí, empieza el juego o forcejeo entre las dos partes. Digamos que estás negociando para, no lo sé, tener una hora extra de descanso en la hora de receso laboral. Tu jefe es la contraparte a la que intentas convencer.

Bien, pues ya has dicho lo que quieres, pero tienes que esperar la respuesta. ¿Qué dice tu jefe? Voltea el cuerpo, cierra los brazos y titubea mucho al hablar.

Aquí tendrás que recurrir a tus conocimientos de lenguaje corporal e interpretar lo que dice. Quizá, ya lo anticipaste, no está de acuerdo con lo que has dicho y tendrás que buscar otra estrategia. Pero tú sabes leer el lenguaje no verbal, así que te has adelantado a esto y ya empezaste a preparar otra opción de respuesta en tu mente.

Además de leer el lenguaje corporal, ya sabes que hay puntos negociables y no negociables en todo desacuerdo entre partes. La inteligencia o habilidad social está en que sepas hacer dos cosas: o convencer a la persona para que cambie de parecer con respecto a lo que está dispuesta a ceder, o que afloje un poco sus restricciones para que puedan llegar a un punto medio. Aquí tendrás que ser muy respetuoso y asertivo, y tendrás que prepararte para el rotundo "no" o rechazo. Por algo se llaman puntos no negociables.

Fase final

Por último, la fase final. Aquí solamente queda lo último: realizar una retroalimentación. ¿Qué pasó en la negociación? ¿Quién inclinó la balanza hacia su lado? ¿Cómo se solucionaron las discrepancias? ¿Qué estrategia se utilizó para resolver los puntos no negociables? ¿Lograste obtener tu objetivo? ¿Qué técnicas usó la parte contraria para conseguir lo que quería? Estas son algunas de las preguntas que puedes hacerte a ti para ser mejor.

Lo que quiero resaltar de las negociaciones es lo siguiente. Muchas veces olvidamos que negociar no es una competencia de egos ni de imponerse al otro. De hecho, se supone que deben ser un intercambio justo entre dos partes que tienen una oposición inocente y saludable.

Por lo tanto, si estás en una conversación y notas que se está poniendo un poco tensa, quizá sea momento de replantear tu papel en lo que está sucediendo.

Una negociación ideal es aquella en la que los contrincantes no son enemigos buscando objetivos separados, sino en la que las partes opuestas sí tienen metas diferentes, pero comparten el objetivo común de respetar al otro.

Una buena negociación se define por el interés, cuidado y apertura que se les pone a las declaraciones, a los argumentos, al convencimiento. Ten en mente siempre esto. Pon en práctica tus habilidades sociales, pues ahora te serán útiles. Utiliza el conocimiento de lenguaje corporal para evaluar la situación de la otra persona; sé asertivo para comunicar tus ideas; sé respetuoso y trata de no caer en conflicto; muéstrate abierto, cálido y carismático.

Palabras finales: Una reflexión sobre las habilidades sociales

Recuerda lo que dijimos en la introducción el libro: somos individuos sociales.

Necesitamos de la habilidad para socializar con otros para prosperar en todo lo que hacemos, desde la actividad más sencilla y primitiva, hasta el trabajo más especializado. Como seres humanos desarrollamos nuestras cualidades y alcanzamos nuestro potencial siempre en un contexto de apoyo y seguridad grupal.

Nuestros pares son otras personas, por eso es importante saber cómo relacionarnos con ellas.

En este libro revisamos algunos consejos que te pueden servir para mejorar tu capacidad de relacionarte con otras personas. Si crees que es complicado al inicio, ¡no te rindas! Recuerda que esta habilidad está, literalmente, en tu sangre. Desarrollar este tipo de habilidades no es fácil para todos, pero esto es porque todos somos diferentes, y tenemos caminos diferentes. No te desanimes si no aprendes a ser carismático desde un inicio, o si te cuesta trabajo hablar en público o ser asertivo.

Este tipo de comportamientos nadie nos los enseña, y se entiende que sea difícil superar nuestros miedos.

Si llegaras a sentirte presionado, no olvides por qué empezaste este camino. Saca la hoja o libreta en la que apuntaste tus objetivos y léela. ¿Qué es lo que quieres lograr? ¿A dónde quieres llegar? ¿Dónde quieres verte en los siguientes años? No desistas en esos objetivos.

Todo camino que lleva a una meta está lleno de obstáculos, pero también de pequeños logros significativos. Así que agárrate de eso y sigue adelante.

¡Tú puedes! Disfruta el camino con todo y sus baches, pues sólo así podrás desbloquear tu gran potencial de habilidades sociales.

¡Suerte! Empieza hoy. Párate frente al espejo y plantéate una meta del día.

Concéntrate en ella y poco a poco ve avanzando en tu lista de habilidades que quieras mejorar de ti.

CPSIA information can be obtained
at www.ICGtesting.com
Printed in the USA
LVHW080135051220
673102LV00010B/214